Lese-Rechtschreib-Schwäche

Volker Ebel | Gabriele Heßmann

Volker Ebel arbeitet als Diplom-Psychologe, Psychologischer Psychotherapeut und Kinder- und Jugendlichenpsychotherapeut in seiner eigenen Praxis. Seit fast vier Jahrzehnten beschäftigt er sich schwerpunktmäßig mit Lese-Rechtschreib- und Rechen-Störungen. Bereits 1967 gründete er die gemeinnützige »Arbeitsgemeinschaft zur Förderung lese- und rechtschreibschwacher Kinder e.V.« und ist außerdem Mitglied des Gründungsvorstandes des »Bundesverbandes Legasthenie«, dessen Präsident er einige Jahre war. Er unterrichtete als Lehrbeauftragter an der Universität Bremen und führt heute noch regelmäßig Weiterbildungsseminare zum Thema Lese-Rechtschreib-Schwierigkeiten und Rechenstörungen für Psychologen, Psychotherapeuten und Pädagogen durch. Darüber hinaus bildet er Erzieherinnen in Präventions-Diagnostik und -Behandlung aus.

Gabriele Heßmann studierte Germanistik und Anglistik. Anschließend war sie lange Zeit als Redakteurin für Gesundheit und Ernährung bei mehreren Verlagen tätig. Heute schreibt sie als selbstständige Journalistin unter anderem über Gesundheitsthemen.

Ein Wort zuvor

Für Eltern ist es immer eine schwierige Sache, zu erkennen und sich einzugestehen, dass das eigene Kind Probleme hat. Wenn sich dann noch abzeichnet, dass ein Problem nicht etwa schnell wieder vorübergeht, sondern dem Kind dauerhaft das Leben in Schule und Alltag schwer machen kann, ist die Betroffenheit noch größer.

»Ich möchte meinem Kind helfen – aber wie?«, ist fast immer die erste Reaktion der Eltern. Genau hier soll unser Buch ansetzen. Wir möchten Sie begleiten auf einem Weg, der immer anders verläuft und doch immer wieder gleich aussieht: Meist ist ein Verdacht der Ausgangspunkt, wenn sich die Leistungen im Lesen und Schreiben trotz allen Übens nicht verbessern wollen. Dann folgt der Stress bei den Hausaufgaben, der ungeachtet aller Bemühungen immer größer wird. Vielleicht haben Sie auch einen langen Weg hinter sich, bis endlich die Diagnose feststand, und Sie möchten gern wissen, wie Sie am besten mit der Lese-Rechtschreib-Störung Ihres Kindes umgehen, vor allem aber wie Sie Ihrem Kind helfen und wie Sie es fördern können.

Bei all diesen Problemen kann unser Buch Sie begleiten. Was wir jedoch nicht möchten ist, Sie zu Hilfslehrern Ihrer Kinder zu machen, die allein die Last und Verantwortung tragen. Lassen Sie Ihrem Kind von Fachleuten helfen, und begleiten Sie es parallel dazu mit Ihrem neu erworbenen Wissen. Vor allem aber sollten Sie Ihr Kind so akzeptieren und lieben, wie es ist: als eine Persönlichkeit, die wie alle Menschen Stärken und Schwächen hat. Natürlich macht die LRS das Leben schwieriger, aber sie ändert nichts an der Tatsache, dass es Ihr Kind ist, das Ihre Liebe und Anerkennung braucht. So wie Sie seine Probleme ernst nehmen, sollten Sie sich auch an dem freuen, was es schon alles kann – und an seinem einzigartigen Wesen.

In diesem Sinne wünschen wir Ihnen und Ihrem Kind alles Gute!

Volker Ebel, Gabriele Heßmann

LRS –
was ist das?

Wenn Kinder in der Schule Probleme beim Lesen- und Schreibenlernen haben, suchen viele Eltern die Ursachen zunächst in deren Verhalten. Viele Lehrer beruhigen dann: »Das kommt schon noch. Der Knoten wird sicher bald platzen.« Aber spätestens wenn die ersten kleinen Diktate trotz Übens danebengehen, keimt der Verdacht: Hat mein Kind etwa eine Lese-Rechtschreib-Störung?

Hilfe, wir haben ein Problem!

»Früher war einfach alles besser!«, seufzt Daniel, 12 Jahre, wenn er gefragt wird, wie es denn in der Schule so läuft – und spricht damit vielen LRS-Kindern aus der Seele. Auf die Nachfrage, wie er darauf komme, zuckt er resigniert mit den Schultern und antwortet mit Tränen in den Augen: »Ich kann halt nur schlecht lesen und schreiben, und das macht meine Eltern wütend. Und meine Lehrerin sagt immer, dass ich mehr üben soll, dabei gebe ich mir jeden Tag schon solche Mühe und übe eigentlich viel mehr als meine Klassenkameraden. Aber das bringt alles nichts.«

Daniel hat tatsächlich ein Problem – und er hat dessen Kernpunkte in zwei Sätzen zusammengefasst. Denn seine Schwierigkeiten, Lesen und Schreiben zu lernen, ziehen immer weitere Kreise und betreffen inzwischen nicht mehr nur ihn, sondern ebenso seine Eltern und Lehrer und – nicht zu vergessen – auch das Verhältnis zu seinen Mitschülern.

Es gibt viele Kinder, denen es so geht wie Daniel. Sie bemühen sich, sind fleißig und motiviert – und leider trotzdem erfolglos. Der Anteil an Kindern, die von einer Lese-Rechtschreib-Störung betroffen sind, wird – je nachdem, welche Maßstäbe angelegt werden – auf 5 bis 15 Prozent geschätzt. Und diese Kinder brauchen dringend Hilfe, damit aus ihren schulischen Schwierigkeiten keine (noch) größeren Probleme entstehen. Der erste Schritt: das Problem erkennen.

LRS – ein Problem, das Kreise zieht

Nicht nur die betroffenen Kinder stehen also vor der Frage, wie es in der Schule weitergehen soll, wenn sie es nicht schaffen, lesen und schreiben zu lernen. Auch die Lehrer, vor allem aber die Eltern sehen sich einem Problem gegenüber, dessen Lösung meist schwierig ist. Um einen Schritt nach vorn zu tun, müssten sie alle zunächst einmal die aufgetretenen Symptome als das akzeptieren, was sie sind: die Auswirkungen einer Lese-Rechtschreib-Störung.

Eltern – Kinder – LRS: Fast immer ein Teufelskreis

Viele Eltern fühlen sich allerdings zunächst einmal hilflos und sind häufig auch überfordert, wenn sie erkennen müssen, dass die Lese- und Rechtschreibprobleme ihres Kindes nichts Vorübergehendes sind. Die Erkenntnis, dass der Knoten nicht einfach so platzt, sondern die Schwierigkeiten trotz aller Bemühungen sehr häufig bestehen bleiben, lässt so manche Eltern verzweifeln.

Mit Volldampf in die Spirale

Die Normalsituation sieht so aus: Wenn Eltern erfahren, dass ihr Kind in irgendeinem Bereich Probleme hat, reagieren fast alle gleich: Sie möchten ihm helfen, das Problem in den Griff zu bekommen.

Das bedeutet bei Schwierigkeiten mit dem Lesen und Schreiben, dass die Eltern von nun an mehr Zeit als gewohnt investieren, um mit ihrem Kind Hausaufgaben zu machen. Oft verbringen sie zusätzliche Zeit damit, um besonders das Lesen und Schreiben zu üben. Zu Anfang ist es auch noch so, dass das Kind sich bemüht, da es sich selbst verbessern und seine Eltern zufrieden stellen möchte. Denn die Anerkennung durch die Eltern ist ein hoher Anreiz für die Kinder.

Wenn der Erfolg ausbleibt ...

Doch in vielen Fällen bleibt der Erfolg trotz intensiven Übens aus. Die Eltern sehen irgendwann nur noch ihren Aufwand, aber keine Fortschritte – und werden ungeduldig. Sie beginnen zu überlegen, warum das Üben bei ihrem Kind anscheinend nichts nützt, obwohl es doch so vielen anderen Kindern weiterhilft. Nahe liegend ist die Folgerung, dass sie ihre Bemühungen verstärken müssen: mehr Zeit also als zuvor, mehr Druck, mehr Strenge. Die Anspannung der Eltern steigt umso mehr, je länger das Problem andauert und je geringer die Erfolge ihres Einsatzes sind. Die anfängliche selbst auferlegte Geduld schwindet zusehends, die Anspannung steigt, und dann ist es soweit: Die Eltern beginnen, mit dem Kind zu schimpfen, ihm die Schuld an der Misere und die Verantwortung für die Misserfolge zuzuweisen: »Du gibst dir nicht genug Mühe«, »Du konzentrierst dich ja gar nicht«, »Du willst anscheinend überhaupt nicht lernen«. Nicht selten sind dann auch Strafen und Tränen an der Tagesordnung.

... werden auch Kinder mutlos

Im Allgemeinen überträgt sich die Anspannung der Eltern auch auf die Kinder. Zunächst hatten sie vielleicht noch versucht, den Erwartungen der Eltern durch besondere Anstrengungen gerecht zu werden. Bald aber erleben sie die Übungen, die ihre Eltern als Hilfe verstehen, nur mehr als nutzlos und in der Folge als einschränkend, ungerecht und schließlich als Unterdrückung und Quälerei. Die Kinder begreifen das Üben als Strafe dafür, dass sie etwas nicht lernen können. Folgerichtig beginnen sie, sich gegen die frustrierenden Übungssituationen aufzulehnen, und versuchen, ihnen aus dem Wege zu gehen.
Im ungünstigsten Fall verschlechtert sich das anfänglich gute Verhältnis zwischen Kind und Eltern mehr und mehr: Die Erwachsenen wollen aus ihrer Sicht und Erfahrung natürlich nur das Beste für ihr Kind – und versuchen, ihm das mit allen ihnen zur Verfügung stehenden Mitteln aufzudrängen. Das Kind spürt vor allem den Zwang und den Liebesentzug und tut alles, um dieser als feindselig erlebten Situation zu entkommen.
Der wesentliche Knackpunkt in dieser negativen Entwicklung ist die eigentlich alte Erfahrung, dass »Übung schließlich den Meister« mache. Und das ist im Allgemeinen ja auch richtig.

Üben ja, aber den Fähigkeiten angepasst

Aber bei Kindern, deren schulische Fertigkeiten durch eine Lernstörung einge-schränkt sind, ist das anders. Zwar geht es auch hier nicht ohne Üben. Aber es kommt ein ganz wesentlicher Punkt hinzu: Das, was geübt wird, darf sich nicht am aktuellen Schulstoff orientieren, den ein Kind der entsprechenden Klassen-stufe eigentlich beherrschen müsste. Die Hilfsmaßnahmen müssen sich vielmehr an dem orientieren, was das Kind trotz seiner Schwierigkeiten auch bewältigen kann. Kann ein Kind im zweiten Schuljahr noch nicht alle Buchstaben, dann macht es wenig Sinn, Diktate zu üben, denn es muss erst lernen, die Buchstaben zu beherrschen. Kann es im dritten Schuljahr einzelne Laute noch nicht zu Sil-ben zusammenziehen, dann muss es erst einmal diese Fertigkeit erlernen und anschließend üben, bevor es mit Lesetexten konfrontiert wird. Und liest es im fünften Schuljahr wie ein Zweitklässler, müssen die Übungstexte eben entspre-chend leichter sein. Die Quintessenz lautet daher: Das Üben muss für das Kind Erfolge bringen. Sichtbare und spürbare. Und das kann nur gelingen, wenn das Kind dort »abgeholt« wird, wo es mit seinen Fähigkeiten tatsächlich steht.

ERFOLG: BASIS FÜR SPASS UND KONZENTRATION

Erfolge können bei Kindern mit Lernstörungen nur durch günstige Bedingungen erreicht werden. Kinder konzentrieren sich zum Beispiel dann, wenn das, was sie gerade tun, ihren Entdeckerdrang befriedigt, sie dabei Erfolg haben und Anerkennung dafür bekommen. Denn dann erzeugt die Beschäftigung bei ihnen ein Lustgefühl und die Motivation steigt. Bleiben all diese Empfindungen und Erlebnisse aus, erlischt das Interesse und damit auch die Bereitschaft, sich mit einer Sache zu beschäftigen. Das ist auch bei Erwachsenen nicht anders: Daniels Mutter findet zum Beispiel Seidenmalerei schön und besucht deswegen einen Volkshochschulkurs. Aber keiner sagt ihr, dass ihre Bilder besonders schön seien. Und wenn sie mal gelobt wird, wird meist ein guter Rat angehängt. Gleichzeitig ist sie selbst mit ihren Bildern nicht so recht zufrieden. Und auch zu Hause interessiert sich eigentlich niemand für ihre Werke. So lässt sie die Sache sein und bricht den Kurs ab. Wie würde sie aber wohl reagieren, wenn man sie jetzt unter Drohungen und Freizeitentzug zwingen würde, täglich eine Stunde Seidenmalerei zu üben?

INFO

WIR WISSEN EINFACH NICHT MEHR WEITER!

Ina F. ist die Mutter von Daniel (12 Jahre), der jetzt die sechste Klasse besucht, aber seit Jahren Schwierigkeiten beim Lesen und Schreiben hat. Sein Problem droht zu eskalieren ...

Warum hat sich die Situation in letzter Zeit extrem verschlechtert?

Daniel hatte schon immer Probleme mit dem Lesen und Schreiben. Doch irgendwie hat er es geschafft, sich so durchzumogeln. Die Lehrer sprachen zuerst immer vom Knoten, der schon noch platzen würde, danach von mangelnder Konzentration und zu wenig Übung, aber das stimmte nicht – jeden Tag haben wir geübt. Und seit Beginn dieses Schuljahrs geht es immer weiter bergab. Seine Diktate wimmeln nur so von Fehlern, und lesen kann er kaum.

Wie gehen Sie gegen das Problem vor?

Ich versuche, jetzt wieder jeden Tag Schularbeiten mit Daniel zu machen und zusätzlich mit ihm zu üben. Aber er hat einfach keine Lust! Er entzieht sich dem, wo er kann. Neuerdings reagiert er sogar auf Strafen – Fernsehverbot oder Hausarrest – gleichgültig. Die Krönung ist, dass er sich jetzt heimlich davonmacht, um mit seinen Freunden Fußball zu spielen. Wenn er dann nach Hause kommt, gibt es natürlich einen Riesenkrach. Denn ich verliere inzwischen oft die Nerven, einmal ist mir sogar schon die Hand ausgerutscht ...

Wie läuft es innerhalb der Familie?

Schlecht, und ehrlich gesagt wird es täglich schlechter. Wenn ich Daniel wieder einmal vorhalte, dass sein kleiner Bruder das schließlich auch könne, macht er total dicht – und schikaniert später seinen Bruder, wo er nur kann. Mein Mann hat eigentlich den besten Kontakt zu Daniel – aber er ist aus beruflichen Gründen nur am Wochenende zu Hause.

Was macht Ihr Mann anders als Sie?

Er hält sich aus dem Problembereich Schule komplett raus. Am Wochenende nimmt er sich viel Zeit für die Jungen, und Daniel liebt es, wenn er in der Werkstatt helfen darf. Er ist da sehr geschickt. Mein Mann ist der Meinung, dass das alles nicht so schlimm sei. Er selbst hätte als Kind ähnliche Probleme gehabt und aus ihm sei auch etwas geworden.

Die Schule – Probleme auch hier

Wenn ansonsten unauffällige Kinder Schwierigkeiten beim Lesen- und Schreibenlernen haben, reagieren Lehrkräfte häufig ähnlich wie betroffene Eltern: Sie sind persönlich enttäuscht. Untersuchungen haben ergeben, dass viele Lehrkräfte sich leicht gekränkt fühlen, wenn ihre pädagogischen Bemühungen bei einigen Kindern nicht zum Erfolg führen. Die Schuld an den schlechten Leistungen wird zunächst allein den Kin-

Eine Lese-Rechtschreib-Schwäche zeigt sich nicht immer auf den ersten Blick.

dern zugeschrieben. Schließlich waren sie bis jetzt nicht negativ aufgefallen. Mangelnde Konzentration, Zerstreutheit, sogar Faulheit werden als Ursachen vermutet. Die Lehrer mahnen daher mehr Fleiß an, geben Wiederholungen auf, kritisieren die vielen Fehler und fordern, dass die Kinder mehr üben sollen. Zum Kern des Problems dringen sie so natürlich nicht vor. Und auch das gewünschte Ziel wird so nicht erreicht: Die Leistungen der Kinder verbessern sich keineswegs auf einen Schlag.

Unverständnis auf beiden Seiten

Häufig passiert sogar das Gegenteil: Die betroffenen Kinder verlieren jede Motivation und zeigen keinen Ehrgeiz (mehr), den Anschluss an die Klasse zu erreichen. Sie fühlen sich unverstanden und schikaniert und machen erst einmal die Schotten dicht. Viele Lehrer fühlen sich nun erst recht provoziert und angegriffen und reagieren ablehnend auf die betroffenen Kinder. Von dieser Seite ist Hilfe also nicht zu erwarten. Das ist natürlich kein ganz bewusster Prozess – wirksam ist er aber trotzdem. Denn er bestimmt das Verhalten der Lehrkraft gegenüber dem Schüler, dem dadurch gezeigt wird, dass man mit seinem »Lernverhalten« nicht zufrieden ist. Die Leidtragenden sind die Kinder, denen nicht geholfen werden kann, solange das Problem unerkannt bleibt.

Kein Kind möchte ein Versager sein!

Klar, dass auch die Mitschüler bald merken, dass etwas nicht stimmt mit dem »Versager«. Und das kann man ihm zeigen, indem man über seine Schwächen lästert und ihn hänselt. Der betroffene Schüler steht aber bereits unter dem Druck von Eltern und Schule, die ihm die Anerkennung versagen und mehr von ihm fordern, als er leisten kann. Das zehrt alles an seinem Selbstwertgefühl. Wenn er es trotzdem aufrechterhalten will, muss er versuchen, auf anderen Gebieten Erfolge vorzuweisen. Im Rechnen zum Beispiel oder im Sport oder in der Sachkunde, wenn es auf schulischen Gebiet sein soll. Aber er muss schon sehr gut werden, wenn die Leistungen in diesen Bereichen seinen Misserfolg im Lesen und Schreiben ausgleichen sollen. Das gelingt nur wenigen. Und außerschulische Leistungen auf dem Fußballplatz oder im Karate-Verein zählen meist wenig.

Anerkennung um jeden Preis

Aber auch ein »Versager« braucht Anerkennung. Und die braucht er vor allem von denen, denen er sich zugehörig fühlt: von seinen Schulfreunden und Mitschülern. Wenn er tut, was sie sich nicht trauen zu tun, erhält er zumindest Beachtung. Er kann dazwischenreden, wenn der Lehrer spricht, Grimassen schneiden, damit andere lachen, Gleichgültigkeit demonstrieren, den Coolen mimen, wenn er wieder keine Antwort weiß – und so die Aufmerksamkeit auf sich lenken. Negative Beachtung ist für viele Kinder und Jugendliche besser als gar keine Anerkennung. Und deshalb ist auch die Rolle des »Klassenclowns« zumindest interessanter als die des »U-Boot-Fahrers«, der einfach wegtaucht.

Es geht auch anders – aber nicht ganz ohne Konflikte

Natürlich muss es nicht zwangsläufig zu solchen Zuspitzungen kommen. Es gibt viele Lehrkräfte, die Verständnis für lese- und rechtschreibschwache Schüler zeigen, und Eltern, die behutsam die Enttäuschungen ihrer Kinder auffangen und ihnen einfühlsam über die jeweiligen Hürden helfen. Und natürlich gibt es Schulen, in denen die Förderung lese-rechtschreib-schwacher Kinder klappt. Doch eines sollte klar sein: Im Schülerdasein eines lese-rechtschreib-schwachen Kindes werden sich Konflikte kaum vermeiden lassen. Es wird seinen Schwierigkeiten auf Schritt und Tritt begegnen, egal ob es die Textaufgaben in der Mathematikarbeit, das Gedicht im Deutschunterricht oder die Fragen aus dem Biologiebuch sind, die es beantworten soll.

Diese dauernde Konfrontation mit dem eigenen Unvermögen hinterlässt im Selbstwertgefühl jedes betroffenen Kindes Verwundungen – auch wenn das Kind sich mitunter noch so stark und unverletzlich zeigt. Möglicherweise schmerzt das Erlebte erst abends, wenn das Kind mit sich allein im Bett liegt und Angst vor dem nächsten Tag hat. Aus dieser Situation können Kinder aus eigener Kraft meist nicht mehr herauskommen. Sie brauchen dann die Hilfe, die sie eigentlich ablehnen und doch gleichzeitig herbeisehnen – wenn es ohne diese verflixten Misserfolge gehen würde.

Das ist grundsätzlich möglich. Aber nur, wenn sich im Umgang mit den Kindern etwas ändert, vor allem in ihrem sozialen Umfeld. Wenn Eltern und Lehrer diesen Kindern zeigen, dass man an sie glaubt und dass sie auch an sich selbst glauben können. Man muss ihnen die Schuldgefühle nehmen, die sie im Laufe der Zeit entwickelt haben, und ihnen durch das eigene Verhalten ganz deutlich machen, dass man sie nicht für einen Versager hält.

Das mag in manchen Ohren vielleicht etwas zu pathetisch klingen – aber zumindest im zugespitzten Fall geht es irgendwann nicht mehr allein um die Lese- und Rechtschreibschwierigkeiten, sondern um ein Kind, das jeden Tag noch ein bisschen unglücklicher wird, das mit sich und seiner Welt nicht mehr klarkommt und dessen Persönlichkeitsentwicklung ernsthaft in Gefahr gerät.

WAS BRINGEN SCHULISCHE FÖRDERMASSNAHMEN?

Schulische Fördermaßnahmen haben mitunter überraschende Auswirkungen. Untersuchungen, die unter anderem mehrfach in Wien und in Niedersachsen durchgeführt wurden, zeigten, dass Schüler mit einer Lese-Rechtschreib-Störung im Verlauf eines Jahres Lernfortschritte machten, gleichgültig ob sie eine Förderung erhielten oder nicht. Die Fortschritte derjenigen Schüler, die an Fördermaßnahmen teilgenommen hatten, waren aber geringer als die der Nicht-Geförderten. Als Ursache stellte sich heraus, dass die Schüler die Fördermaßnahmen als zusätzliche Belastung oder gar als Bestrafung empfanden. Sie lehnten sie deshalb ab. Ihre negative Einstellung blockierte die Erfolgsmöglichkeiten nachhaltig.

OFT GEFRAGT

Weshalb klappt es nicht mit dem Lesen und Schreiben?

»Wie kommt gerade mein Kind zu einer solchen Lese- und Rechtschreibstörung?« fragen sich die meisten betroffenen Eltern. Und dabei geht vor allem eine Frage in den Köpfen herum: »Haben wir etwas falsch gemacht?« Tatsache ist, dass es nie nur einen einzigen Grund gibt, wenn sich manche Kinder mit dem Lesen- und Schreibenlernen schwer tun. Meist spielten mehrere Faktoren eine Rolle. Auslöser kann beispielsweise eine familiäre Veranlagung sein. Manchmal sind auch Konzentrationsprobleme beteiligt – obwohl auch LRS-Kinder häufig sehr konzentriert arbeiten können. Nur leider meist ohne entsprechende Erfolge. Die häufigste Ursache dafür ist, dass die phonologische Bewusstheit, die eine wichtige Vorläuferfähigkeit für das Erlernen von Lesen und Schreiben ist, beim Schuleintritt nicht altersgemäß entwickelt ist (mehr dazu erfahren Sie ab Seite 42). Eine große Rolle spielt auch der Stress, der Eltern und Kinder erfasst, wenn sie sich bereits längere Zeit erfolglos – und ohne wirksame Hilfe – mit dem Problem herumgeschlagen haben. Sie reagieren zunehmend blockiert, »machen zu« und sind gar nicht mehr in der Lage, die Situation vernünftig zu beurteilen, geschweige denn überlegt zu handeln.

Oft hatte Papa ähnliche Probleme

Es fällt auf, dass sich Lese- und Rechtschreib-Störungen in bestimmten Familien häufen. Etwa 40 bis 50 Prozent der Kinder mit auffälligen Problemen beim Lesen und Schreiben haben in der näheren Verwandtschaft einen Erwachsenen, der selbst unter solchen Schwierigkeiten gelitten hat. Meistens sind es Vater, Onkel oder Großvater; denn Jungen sind wesentlich häufiger betroffen als Mädchen, wenn deren Anteil auch wächst. Öfter tritt die Störung gleich bei mehreren Geschwistern auf. Deshalb nimmt man heute wieder einen genetischen Faktor an, der lange Zeit strikt geleugnet wurde. Wichtig ist, dass nicht die Lese-Rechtschreib-Störung an sich vererbt wird, sondern eher eine Störungsanfälligkeit für die Sprachentwicklung (siehe dazu ab Seite 42). Ist das der Fall, gibt es häufig Probleme beim Erfassen der Sprachstruktur. Wenn ein Vorschulkind sich aber mithilfe der Sprache »normal« ausdrücken und mitteilen kann, wird das »Defizit im Untergrund« häufig gar nicht bemerkt. Das Problem wird erst offenkundig, wenn es mit dem Lesen- und Schreibenlernen partout nicht klappen will.

Kein fatales Erbe

»Genetischer Anteil« bedeutet nun aber nicht, dass die Sache – weil anlagebedingt – unabänderlich ist wie etwa die Ohrenform oder die Hautfarbe. Der genetische Anteil ruft eher Besonderheiten bei der Reifeentwicklung des zentralen Nervensystems hervor. Möglicherweise bewirken Gene, dass bestimmte Bereiche im Gehirn nicht so ausreichend durchblutet werden, wie dies normalerweise der Fall ist. Dabei sind dann auch Bereiche betroffen, in denen die Vorläuferfertigkeiten für das Lesen- und Schreibenlernen angelegt sind. Das klingt bedrohlicher, als es ist: Tatsächlich haben wir alle mehr oder weniger stark entwickelte »Hirnareale«. Während bei einer Gruppe von Menschen das »musikalische Zentrum« hervorragend entwickelt ist und sie keine Mühe haben, ein Musikinstrument zu erlernen oder gar Konzerte zu komponieren, können andere kaum zwei Töne voneinander unterscheiden.

Damit kann man leben, denn Musizieren ist kein unabänderlicher Bestandteil des täglichen Lebens. Ganz anders verhält es sich dagegen mit der oben angesprochenen Reifeverzögerung, die das Lesen und Schreiben beeinflusst: Sie gibt den Ausschlag, ob ein Kind in der Schule Erfolg hat – oder ob ihm Lesen und Schreiben einfach nicht gelingen wollen.

Aktives Handeln ist möglich

Doch es ist durchaus möglich, eine schleppende Entwicklung zu beschleunigen, indem man den zuständigen Gehirnzellen und ihren Zuleitungen kräftig Nahrung gibt – durch entsprechende sinnvolle Reize. Damit kann schon früh begonnen werden. Häufiges Sprechen, Sprachspiele und Vorlesen tragen dazu bei, dass das Sprachzentrum im Gehirn immer wieder angeregt und gefordert wird. Das begünstigt seine Entwicklung, und vielleicht vorhandene Defizite können früh aufgefangen werden. Sprachförderspiele im Kindergarten- und Vorschulalter sind daher für alle Kinder ideal. Und auch zu Hause können Sie mit Ihren kleinen Kindern spielerisch üben. Singen, Klatschen und Reimen macht allen Spaß. Aber selbst wenn sich das Problem erst später bei der Einschulung offenbart, helfen entsprechende kindgemäße Fördermaßnahmen, die Schwächen abzubauen, auf jeden Fall aber zu minimieren. Immer wieder stellen sich dann auch Erfolge ein. Umso schwieriger wird es jedoch, je älter die Kinder sind. Aber auch dann sind natürlich noch Hilfestellungen möglich und wirksam. Und selbst erwachsene Analphabeten haben noch Chancen, zumindest das Lesen zu erlernen.

INFO

OHNE PHONOLOGISCHE BEWUSSTHEIT GEHT NICHTS

Ein wesentlicher Grund, warum manche Kinder beim Lesen- und Schreibenlernen mehr Probleme als andere haben, besteht darin, dass bei ihnen die so genannte phonologische Bewusstheit nicht ausreichend entwickelt ist. Dabei handelt es sich um eine der Kernkompetenzen, die zum erfolgreichen Lesen- und Schreibenlernen angelegt sein muss. Mehr dazu erfahren Sie in einem speziellen Kapitel über die phonologische Bewusstheit ab Seite 42. Dort können Sie nachlesen, wie eine solche Entwicklungsverzögerung entsteht, wie viele Kinder davon betroffen sind und was man tun kann, um den Rückstand möglichst schnell aufzuholen.

Wichtige Grundlagen für das Lesen und Schreiben werden bereits im Kindergartenalter gelegt. Frühe Förderung ist daher für alle Kinder wichtig.

Die Sache mit der Konzentration

Die Klage »Wenn das Kind sich doch bloß besser konzentrieren würde, dann könnte es auch viel besser lernen« ist immer wieder zu hören, wenn es um Schwierigkeiten beim Lesen- und Schreibenlernen geht. Und auch auf den Zeugnissen steht häufig, dass sich das Kind beim Schreiben mehr konzentrieren müsse, um seine Rechtschreibleistung zu verbessern.

Was bedeutet das eigentlich: »sich konzentrieren«?

Psychologen verstehen unter Konzentration die Fähigkeit, die Aufmerksamkeit willentlich auf bestimmte Vorgänge oder Aktivitäten zu lenken – und meinen damit einen Zustand aktiver Aufmerksamkeit und geistiger Wachheit. Diese gesteuerte Aufmerksamkeit entwickelt sich bereits vor der Einschulung: In dem Maße, in dem Kinder lernen, ihre Umwelt zu erfassen und zu gestalten, lernen sie auch, ihre körperlichen und geistigen Kräfte zusammenzufassen. Sie können diese auf das lenken, was sich um sie herum abspielt. Wie häufig und wie intensiv sie das dann aber auch tun, hängt vor allem von zwei Punkten ab: Zum einen, ob sie an der Sache oder Tätigkeit interessiert sind, und zum anderen, ob sie darin erfolgreich sind und sich dabei wohl fühlen.

Mit Spaß und Erfolg zu optimaler Konzentration

Es ist daher völlig falsch, bei allen Kindern, die sich in bestimmten Situationen sehr unkonzentriert verhalten, automatisch eine krankhafte Aufmerksamkeitsstörung zu vermuten. Es kommt ja immer darauf an, ob sie in der fraglichen Situation ihre Fähigkeit, die geistigen Kräfte auf eine bestimmte Handlung auszurichten, auch einsetzen wollen. Denn wenn sie weder Interesse noch Neigung verspüren, sich einer gestellten Aufgabe zu widmen, wird auch die Konzentration zu wünschen übrig lassen. Je größer das Interesse und der Spaß der Kinder an einer Sache ist, desto größer ist auch die Bereitschaft sich zu konzentrieren – und damit wächst die Aussicht auf Erfolg. Und wer einmal mit einer Sache Erfolg gehabt hat, geht meist auch weiterhin gern mit ihr um. Konzentration ist also eine Fähigkeit, die man mal einsetzt oder eben nicht. Sie ist kein Garant für eine richtige Lösung – auch Fehler kann man mit großer Konzentration machen. Und wenn Daniel (Seite 23) beim Üben überhaupt nicht bei der Sache ist, denkt er vielleicht gerade sehr konzentriert darüber nach, wie er am besten rauskommt aus dieser Situation, die für ihn so schrecklich ist.

INFO

KONZENTRATION: KEINE FRAGE DER FEHLERZAHL

Kinder, die im Diktat keinen oder kaum einen Fehler machen, weil sie alle Wörter schon abgespeichert haben, müssen viel weniger Energie und Konzentrationsleistung aufbringen als ein Kind, das beim Schreiben immer wieder neu nachdenken und über sein Ergebnis entscheiden muss.
Die Konzentrationsleistung lässt sich also nicht an der Fehlerzahl ablesen. Gerade viele auch fehlerhafte Verbesserungen zeigen, dass sich das Kind zugewandt und willentlich mit der richtigen Schreibweise auseinander gesetzt hat – also konzentriert war. Jüngere Kinder müssen zudem häufig noch viel Konzentration für den Schreibvorgang selbst aufwenden. Das kann man dann auch oft an der Schrift erkennen.

WARUM CHRISTIAN (9 JAHRE) DEN HONIG NICHT FINDET, OBWOHL ER VOLL KONZENTRIERT IST

Christian soll folgenden Satz schreiben: »Die Biene flog zu den Blumen, um vom frischen Honig zu naschen.« Christians Biene hat die Blumen schon hinter sich gelassen und ist nun beim Honig angelangt. »Typisch!«, schimpft die Mutter, als sie sieht, was Christian geschrieben hat. »Junge, nun konzentrier dich doch mal besser!«

Um zu verstehen, warum Christian trotz voller Konzentration nicht das gewünschte Ergebnis erzielt, muss man nachvollziehen, wie er dorthin gekommen ist.

COMPUTER »GEHIRN« HAT NICHTS IM SPEICHER

Er kann das Wort »Honig« nicht einfach aus einem Speicher im Gehirn abrufen und aufs Blatt schreiben, er muss es sich also erst einmal erarbeiten. Er spricht sich, wie er es in diesem Fall tun soll, das Wort langsam vor und hört genau hin. Zuerst hört er das /o/. Der lange Vokal beherrscht klanglich die ganze erste Silbe. Also schreibt er ihn hin. Jetzt kommt die zweite Silbe. »N ch« spricht er vor sich hin und spricht es auch beim Niederschreiben. Doch dann zögert er kurz vor dem Fertigstellen: Heißt es »nich« oder vielleicht doch »nig«? Er entscheidet sich nach einigen Hörversuchen für »nig« – und verbessert das Wort.

AUCH HINHÖREN BRINGT NICHTS

Dann schreibt er weiter und klebt trotzdem gedanklich noch am Honig: Da ist doch noch etwas zu hören. Er kehrt mit seiner Aufmerksamkeit zum Honig zurück. Wieder spricht und lauscht er – da ist doch noch ein /h/! Aber wo? Er dehnt das /o/ so lange, bis er seinen eigenen Atem wahrnimmt. Also nach dem /o/. Christian fängt erneut an und schreibt langsam »Oh«. Dann hält er wieder inne. Stimmt das mit dem /h/ wirklich so? Doch, muss wohl so sein. Christian hört wieder hin und schreibt schließlich »Ohnig«.

Nein, da stimmt immer noch was nicht. Mehrfach spricht er die erste Silbe und entscheidet: Das /h/ ist doch vor dem /o/. Er setzt also zum großen »H« an, aber die Zweifel bleiben. Er stockt wieder – und bricht dann entmutigt ab. Er wirft den Stift auf den Tisch und fängt an zu weinen.

Der Vorwurf seiner Mutter, er wäre wieder einmal unkonzentriert, stimmt schlicht und einfach nicht: Denn mehr als Christian eben kann, man sich eigentlich gar nicht konzentrieren.

Konzentration muss wachsen

Kinder können sich noch nicht so lange konzentrieren wie Erwachsene. Deshalb werden für sie oft falsche Maßstäbe angelegt. Der Diagnose »Konzentrations-schwäche« oder »Aufmerksamkeitsstörung« liegt daher häufig eine Fehleinschät-zung der Erwachsenen über die Leistungsmöglichkeiten von Kindern zugrunde. Denn die Fähigkeit zu gesteuertem, konzentriertem Verhalten entwickelt sich erst im Laufe von Kindheit und Jugend. Sieben- bis zehnjährige Kinder können sich bei Denkaufgaben nach neuen Forschungsergebnissen zwischen 15 und 20 Minuten konzentrieren. 14-Jährige bringen es immerhin schon auf eine Kon-zentrationsspanne von etwa 30 Minuten.

Dabei ist aber immer auch zu berücksichtigen, dass ein Kind umso mehr bei der Sache ist, je höher seine Motivation ist. Werden die Kinder jedoch immer wieder getadelt, obwohl sie sich konzentriert haben, gibt es für sie bald keinen Grund mehr, sich auch weiterhin so anzustrengen.

Das bedeutet im Klartext: Wer sich konzentriert verhalten soll, muss dazu auch motiviert sein. Das heißt, die Aufgabe muss seine Neugier wecken, seinen aktuellen Fähigkeiten entsprechen und innerhalb einer angemessenen Zeit-spanne erfolgreich zu bewältigen sein.

ADS macht vieles schwerer

Es gibt aber auch Kinder, die sich tatsächlich nur schlecht oder kaum konzen-trieren können. Sie leiden unter einer Aufmerksamkeitsstörung (häufig als hyperkinetische Störung oder ADS – Aufmerksamkeits-Defizit-Syndrom – be-zeichnet), die sie dazu zwingt, rasch von einer Tätigkeit zur anderen zu wech-seln. Sie entwickeln keine ausreichende Ausdauer und können deshalb kaum etwas zu Ende führen. Sie haben Probleme ihre Kräfte richtig zu organisieren, ihre Aktivitäten sind oft überschießend, impulsiv und unkontrolliert. Sie haben häufig – vor allem in Gruppen mit anderen Kindern – ihr Verhalten nicht im Griff. Dann kaspern sie herum und verhalten sich nicht der Situation ange-passt. Es gibt aber auch ADS-Kinder, die eher verträumt sind. Sie gleiten mit ih-rer Aufmerksamkeit immer wieder von dem weg, was sie gerade tun.

Diese Kinder fallen meist schon im Kindergarten auf. In vielen Fällen dauert die Störung über die Schulzeit hinaus bis ins Erwachsenenalter an. Sie gilt als psychische Störung mit Krankheitswert und wird mitunter medikamentös behandelt. Sie kommt bei Kindern mit Lese- und Rechtschreib-Schwierigkeiten übrigens etwas häufiger vor als bei anderen Kindern, kann aber nicht als deren Ursache angesehen werden. Denn eine große Mehrheit von Menschen, die an einer Aufmerksamkeitsstörung (ADS) leiden, hat keine auffälligen Schwierigkeiten beim Lesen- und Schreibenlernen.

DANIEL (12 JAHRE) »FÄLLT« ZUSAMMEN MIT PETER

Daniel muss in der Schule ein Diktat schreiben: »Peter fällt hin«, hat er eben vom Lehrer gehört. Alles klar, denkt Daniel. Wie man »Peter« schreibt, weiß er. So heißt sein Freund. Das Wort hat er im »Computer Gehirn« abgespeichert, sodass beim akustischen Input »Peter« sofort der Output P-e-t-e-r (und zwar groß geschrieben – Namenwort!) folgt. Das klappt fehlerfrei und ohne Überlegen. Nun kommt »fällt«. Leider nichts im Speicher, signalisiert sein Gedächtnis. Also hinhören! Daniel spricht in Gedanken jeden Laut einzeln vor sich hin und kommt zu einem Ergebnis. Er schreibt »Veld«. Sieht irgendwie komisch aus, denkt Daniel. Jetzt fällt es ihm ein – das ist ja ein Tätigkeitswort, und das wird kleingeschrieben! Schnell verbessern. Und es kommt von fallen – da ist ein »a« drin! Rasch streicht er das e aus und setzt ein ä darüber. Und nun fällt ihm auch noch ein, dass man fallen in fal-len trennen kann. Und dann hört man zwei /l/. Muss man dann nicht die beiden »ll« auch schreiben? Na, sicher doch.

VIELE FEHLER – UNKONZENTRIERT?
Aber inzwischen hat der Lehrer schon weiterdiktiert, und Daniel muss erst mal hinterherhecheln. Dann aber hat er wieder einen kleinen Moment Zeit, und er geht noch einmal zurück, um rasch noch das zweite »l« einzuschieben. Weiter geht es.
Irgendwie ist er trotzdem immer noch mit den Gedanken bei dem blöden »fällt«. Als Daniel zum Schluss noch einmal Gelegenheit hat, das Diktat durchzusehen, bleibt er prompt wieder daran kleben. Mit den ganzen Verbesserungen ist das Wort kaum noch zu lesen. Also streicht er es durch, malt ein Sternchen dran, und schreibt unten auf die Seite »välld«. Als es Zeit ist, das Diktat abzugeben, macht er wild entschlossen aus dem »d« noch rasch ein »t« – »spielt« schreibt man ja auch mit »t«, das weiß er.
Als der Lehrer das Diktat korrigiert, macht er um beide Wörter oben und unten einen Kreis mit roter Tinte. Das »v« unterstreicht er noch extra und schreibt unter das Diktat: »Viele Fehler, besonders zum Schluss. Du musst dich besser konzentrieren!«

Angst und Stress als Lernbremse

Daniel hat natürlich längst gemerkt, dass Lesen und Schreiben etwas ist, das er nicht so gut lernen kann wie viele andere Kinder in seiner Klasse. Da kann er sich noch so viel Mühe geben. Er hat keine Ahnung, weshalb es ausgerechnet ihm nicht gelingt, die blöden Buchstaben so rasch zusammenzuziehen, dass ein Wort daraus entsteht – die anderen in seiner Klasse schaffen es ja schließlich auch. Und warum nur er sich nicht merken kann, wie die meisten Wörter geschrieben werden, versteht er erst recht nicht.

Er weiß nur, dass er es nicht kann und dass bisher weder die Lehrer noch seine Mutter ihm sagen oder zeigen konnten, wie es geht. Obwohl er sich anstrengt und es immer und immer wieder versucht, bleibt letztlich alles so, wie es war. Und jetzt soll er auch noch selbst schuld daran sein, weil er angeblich nicht will, sich nicht richtig konzentriert und sich keine Mühe gibt. Ihm reicht's schon längst – aber Aussteigen gibt's in der Schule eben nicht. Jeden Morgen muss er wieder hin. Und zu allem Überfluss besteht seine Mutter darauf, nachmittags mit ihm zu üben – weil der Lehrer das so möchte.

Eigentlich entgegen aller Vernunft

Daniel fühlt, dass die Kritik nicht stimmt und alles Üben ihm nichts nützt – das alles ist ganz gegen seine Bedürfnisse und gegen seine Interessen. Er wird damit auch zu keinen Erfolgen kommen, sondern nur weiter Misserfolge ernten. Aber was soll er tun? Und so bildet sich bei Daniel allmählich eine Spirale der Angst und der Abwehr, die verhindert, dass er sich auf das konzentrieren kann, was von ihm gefordert wird: Lesen und Schreiben üben. Aber es stimmt nicht, dass Daniel Lesen und Schreiben deshalb nicht lernt, weil er sich nicht darauf konzentrieren kann: Er kann und will sich nicht mehr darauf konzentrieren, weil er längst aus seiner Erfahrung weiß, dass er es so nicht lernen wird. Einen Ausweg kann Daniel nicht sehen.

Mutter und Sohn in der Stressfalle

Wenn Daniels Mutter ihren Sohn zu sich ruft, um mit ihm zu üben, befindet auch sie sich bereits in einer Stresssituation: Sie ahnt ja, dass Daniel sich wieder verweigern und sie möglicherweise provozieren wird. Er wird ihre Hilfe nicht annehmen, ihre Forderungen nicht erfüllen und ihre Sanktionen mit Aggressivität beantworten. Es wird wieder ein Kampf werden – mit ungewissem Ausgang. All das weiß sie. Und die Situation, die sie erwartet, entspricht auch ihren Bedürfnissen in keiner Weise. Sie hat sogar etwas Angst davor. Aber sie wird tun, was sie für ihre Pflicht hält. Und genau das sind günstige Bedingungen für eine heftige Stressreaktion.

Angst auf beiden Seiten

Daniel geht es nicht anders. Er hat schon die ganze Zeit befürchtet, dass seine Mutter ihn rufen wird. Und jetzt, wo sie es tut, kommt wieder so ein komisches Gefühl auf: Es kribbelt im Bauch, sein Herz klopft schneller und er hat die Vorstellung, dass die Mutter gleich wieder mit ihm schimpfen wird, weil er irgendetwas nicht weiß. Er wird spüren, dass sie ihn nicht so haben will, wie er ist. Und er weiß, dass er Angst bekommen wird, und dass er alles will, bloß das nicht. Am liebsten würde er jetzt einfach wegrennen. Sein Stress ist groß; denn er hasst nichts mehr als dieses nachmittägliche Üben, das seine Mutter immer wieder fordert.

Was geht bei Stress eigentlich in uns vor?

Wir alle haben von Geburt an eine Art Alarmsystem in uns, das aktiv wird, sobald wir eine Gefahr wahrnehmen, die uns schädigen könnte. Je stärker wir von einer Situation betroffen sind, die mit unseren Bedürfnissen nicht übereinstimmt und die wir als gefährlich deuten, umso lauter läuten die Alarmglocken in uns; denn die Aufgabe dieses internen Alarm-

TÄGLICH DER GLEICHE FEHLER

Aus Sicht der Psychologie ist klar, dass aus der Situation, in der Daniel und seine Mutter gleich zusammentreffen werden, mit höchster Wahrscheinlichkeit nichts Vernünftiges herauskommen kann. Vor allem ist kein Lerneffekt für das Kind zu erwarten, denn dafür sieht es die Situation viel zu negativ. Und dennoch ist diese Situation Alltag für viele Eltern und LRS-Kinder. Wenn es Ihnen auch so geht, ist es das Beste, erst einmal eine Pause einzulegen und in Ruhe zu überlegen, wo Sie Hilfe bekommen können (Seite 57).

INFO

Streit erhöht den Stress. Deshalb lieber eine Pause einlegen!

systems ist es, uns rechtzeitig vor Gefahren zu warnen und uns so zu beschützen. Dabei spielt es keine Rolle, ob die Situation tatsächlich gefährlich ist – es genügt, wenn wir sie so deuten. Häufig reicht es bereits aus, sich eine gefährliche Situation vorzustellen, um das Alarmsystem zu aktivieren. Unser Körper reagiert dann sofort mit Abwehrmaßnahmen. Das klingt weit hergeholt? Ist es aber nicht, denn diese Reaktion lässt sich bei Untersuchungen der inneren Vorgänge im Körper bei Stresssituationen einwandfrei feststellen.

Zum Beispiel Spinnenangst

Daniels Mutter hat eine ausgeprägte Angst vor Spinnen. Warum, kann sie nicht sagen. Sie findet sie eklig und irgendwie auch gefährlich. Als sie abends ins Badezimmer geht, sitzt an der Wand eine dicke Spinne. Daniels Mutter zuckt zusammen. Sie spürt, dass ihr Herz schneller schlägt und ihr Magen sich zusammenzieht. Dann stellt sie in Sekundenschnelle fest, dass nichts in der Nähe ist, womit sie die Gefahr beseitigen könnte, und läuft fluchtartig aus dem Bad. »Was hast du denn?«, fragt Daniel. »Da ist eine Spinne im Bad. Mach die bitte mal weg.« Daniel kennt die Situation. Er zieht ein Gesicht, das nicht klar erkennen lässt, ob er sich über seine Mutter lustig macht oder ob er stolz ist, nun einmal selbst den Helden spielen zu können. Gelassen geht er ins Bad, schiebt die Spinne mit der einen Hand in die andere, geht gemächlich zum Fenster und wirft das Tier hinaus.

Daniels Mutter zeigt eine Stressreaktion: »Gefahr« hat ihr Alarmsystem gemeldet, und sie reagiert dementsprechend mit Angst, Herzklopfen und Unwohlsein. Daniel dagegen hat keinen Stress, weil er Spinnen nicht als gefährlich deutet. Täte er es, würde er ähnlich reagieren wie seine Mutter. Denn diese Reaktion ist uns angeboren: Bei einer Gefahr stellt sich unser Körper auf deren

Beseitigung oder auf Flucht ein. Dabei ist es egal, ob uns die Gefahr körperlich bedroht wie etwa ein Hund, der uns beißen will, oder ob sie beispielsweise unser Selbstwertgefühl und damit unsere Stellung im sozialen System gefährdet. Für Daniel ist die Übungssituation eine solche Bedrohung. Er muss in dieser Situation immer wieder offenbaren, dass er nicht kann, was man von ihm erwartet. Er fürchtet, dass er sich wieder blamieren wird. Er hat Angst, weil er auch diesmal wieder erkennen muss, dass er nicht so ist, wie seine Mutter ihn haben möchte. Und er befürchtet, dass sie ihn deshalb weniger gern hat. Kurz: Er fühlt sich Gefahren ausgesetzt und reagiert entsprechend.

Da bleibt nur eines: Flucht oder Kampf

Aber Daniels Möglichkeiten, auf die Stresssituation zu reagieren, sind beschränkt: Er hat nur die Alternativen »Aggressives Verhalten« (Kampf) oder »Flucht«. Andere Möglichkeiten lässt unser inneres Alarmsystem nicht zu. Das ist genetisch so festgelegt – und ist uns mit den meisten Tieren gemeinsam. Damit wir der Gefahr so stark und entschlossen wie möglich entgegentreten können, produziert unser Körper spezielle Hormone. Sie sollen die nötigen Kräfte freisetzen, die wir zum Fliehen oder Kämpfen brauchen. In der Folge beschleunigt sich der Puls, die Atmung verändert sich und die Muskeln spannen sich an; wir spüren vielleicht einen Druck im Magen oder fangen an zu schwitzen – all das sind Zeichen dafür, dass unser Körper zusätzliche Energien schafft, um für Flucht oder Kampf vorbereitet zu sein. Und die Spannung von Mutter und Sohn entlädt sich auch mitunter folgenschwer: Etwa wenn Daniels Mutter einmal »die Hand ausrutscht« (Aggression) oder Daniel plötzlich aufspringt und heulend aus dem Zimmer läuft (Flucht). Und noch etwas ganz Wichtiges kommt hinzu: In Stresssituationen spielt auch unser Denken nicht mehr richtig mit. Wenn das tägliche Üben nur noch Stress auslöst, schaltet das Gehirn automatisch auf das »Notfall-

WENN DIE NERVEN BLANK LIEGEN: AUSZEIT NEHMEN

Wenn das Üben zum täglichen Kampf wird, sollte es erst einmal eingestellt werden. Jedenfalls so lange, bis Mutter und Kind eine neue Grundlage gefunden haben, auf der sie sich (stressfrei) miteinander einlassen können. Mehr Infos dazu erhalten Sie ab Seite 88.

INFO

programm«. Das heißt, es befasst sich nicht mehr mit dem eigentlichen Zweck der Zusammenkunft – dem Üben von Lesen und Schreiben. Das einzige, was nun zählt, ist »Rettung« aus der Gefahr. Es sucht nach Möglichkeiten, heil aus der Situation herauszukommen (Flucht) oder den anderen zu besiegen beziehungsweise in die Flucht zu schlagen (Aggression). Kein Wunder, dass in solchen Situationen keine Chance für ein erfolgreiches Übungsprogramm bleibt. Und das hat nichts damit zu tun, dass das Kind nicht will.

Gereizte Stimmung macht das Lernen schwer

Natürlich muss nicht immer alles so dramatisch ablaufen wie eben beschrieben. Doch es genügen schon Gereiztheit und Ungeduld auf beiden Seiten, um die Atmosphäre zu vergiften. Wie leicht werden dann Drohungen, Kränkungen und böse Worte ausgesprochen, die den erhofften Lernerfolg erst einmal unmöglich machen. Und selbst wenn Daniel die Bemühungen seiner Mutter durchhielte, selbst wenn er die Übungszeit über sich ergehen lassen würde und am Ende – nichts wie weg – erlöst aufspränge und zu seinen Freunden liefe, wäre das Resultat gering. Auf Dauer bringt das Üben nur dann Erfolg, wenn Daniel es selbst will und als Hilfe erleben kann.

Erfolgreiches Üben braucht eine solide Basis

Stellen Sie also keine Anforderungen an Ihr Kind, die es nicht erfüllen kann. Die wichtigste Voraussetzung für ein erfolgreiches Üben ist gegenseitiges Vertrauen. Ihr Kind kann Ihre Bemühungen sonst nicht als Hilfestellung begreifen. Auch wenn Sie selbst zu Hause mit Ihrem Kind üben wollen, sollten Sie auf jeden Fall professionelle Hilfe und Unterstützung in Anspruch nehmen (mehr dazu erfahren Sie auf Seite 57). Der Schulpsychologe oder ein Kinder- und Jugendlichenpsychotherapeut kann Sie bei der Auswahl der richtigen Übungen beraten (eine Auswahl bewährter Übungen für zu Hause finden Sie ab Seite 112). Vergessen Sie bei all dem Wirbel um die Lese-Rechtschreib-Störung Ihres Kindes nicht, dass Sie als Eltern nicht nur für Schule und Hausaufgaben zuständig sind. Tägliche »übungsfreie Zonen« helfen dabei, dem Problem keinen übergroßen Platz im Familienleben zu gewähren. Lassen Sie nicht zu, dass Angst und Stress die Beziehung zwischen Ihnen und Ihrem Kind stören.

LINKSHÄNDIGKEIT UND LRS

Lange wurde unter Fachleuten darüber gestritten, ob Linkshändigkeit zu Lese- und Rechtschreib-Schwierigkeiten führt oder ihr Entstehen begünstigt. Heute weiß man: Normalerweise hat das eine mit dem anderen nichts zu tun. Allerdings kann der anfängliche Lernprozess erschwert werden, wenn die Kinder über längere Zeit Schwierigkeiten haben, sich daran zu gewöhnen, dass die Schreib- und Leserichtung von links nach rechts verläuft. Doch dieses Problem wird im Allgemeinen rasch überwunden.

Nur bei Linkshändern, die gezwungen werden die rechte Hand zu benutzen, kann dieser Umgewöhnungsprozess so viel Energie verbrauchen und Widerstände aufbauen, dass es zu ausgeprägten Störungen im Schriftspracherwerb kommt. Glücklicherweise werden Linkshänder heute kaum noch umerzogen.

VIEL BEWEGUNG FÖRDERT DIE MOTORIK

Auch die so genannte »unausgeglichene Lateralität« bewirkt keine Lese-Rechtschreib-Schwierigkeiten. Die Seitigkeit eines Menschen wird nämlich nicht nur durch die Händigkeit bestimmt. Auch bei Augen, Ohren und Beinen ist eine Seite dominant – ein Linkshänder kann also durchaus mit dem rechten Bein seine Tore schießen, weil das rechte sein »Führungsbein« ist; und ein Rechtshänder kann das linke Auge benutzen, um durchs Schüsselloch zu sehen – sein »Führungsauge« ist dann links. Welche Kombination man auch immer vorfinden mag: Keine von ihnen fördert nach wissenschaftlichen Erkenntnissen eine Lese-Rechtschreib-Störung. Allerdings wird empfohlen, dass Kinder mit unausgeglichener Lateralität möglichst viel Gelegenheit erhalten sollten, ihre Motorik zu entwickeln und ihre Bewegungsabläufe zu koordinieren. Sie sollten sich also – was natürlich auch allen anderen Kindern gut tut – jeden Tag viel an der frischen Luft bewegen.

LRS – ein Problem mit vielen Namen und Gesichtern

Das Phänomen, dass manche Kinder große Schwierigkeiten beim Lesen- und Schreibenlernen haben, wurde vor gut 100 Jahren zum ersten Mal beschrieben. Seitdem wurden viele Theorien aufgestellt und Therapien ausprobiert und wieder verworfen. Einige Fakten gelten mittlerweile aber als gesichert. Das Fatale an dieser Störung ist, dass sie nicht immer gleich zu Beginn der Schullaufbahn auffällt, sondern zu verschiedenen Zeiten mit unterschiedlicher Ausprägung auftreten kann. Am einfachsten zu erkennen ist LRS, wenn Kinder von Anfang an mit dem Lesen und Schreiben nicht klarkommen: Sie lernen im Laufe des ersten Schuljahres zwar einige Buchstaben und können diese in geschriebenen Wörtern wiederfinden. Doch wenn sie Buchstaben in Laute übersetzen und diese dann zu Silben und die Silben zu Wörtern zusammenziehen sollen, gelingt es ihnen nicht. Wenn geübt wird, klappt die Wiedergabe nur unmittelbar nach dem Üben. Doch schon nach kurzer Zeit häufen sich die Fehler wieder.

Häufig spät erkannt

Manche LRS-Kinder überstehen die ersten beiden Schuljahre scheinbar erfolg-
reich. Tatsächlich gelingen ihnen erstaunliche Gedächtnisleistungen. Wenn die
Lesetexte mit ihnen fleißig eingeübt werden, können sie sie vorübergehend im
Gedächtnis speichern und noch einige Tage lang reproduzieren. Sie lesen den
Text dann nicht, sondern sagen ihn mit Hilfe des Schriftbildes auf. Würde man
an einigen Stellen des Textes unerwartete Änderungen einflechten, könnten die
Kinder diese Stellen nicht überwinden – oder würden vielleicht auch erst einmal den gelernten Text weiter vortragen. Ähnliches kann natürlich auch für
geschriebene Texte gelten. Diese Fähigkeit überdeckt die Defizite und täuscht
damit Lehrer, Eltern und auch das Kind selbst über die tatsächlichen Leistungsmöglichkeiten beim Lesen und Schreiben. Sie werden erst offenbar, wenn dann
etwa ab dem dritten Schuljahr Texte nicht mehr intensiv geübt werden.
Etwa ab dem dritten Grundschuljahr sehen sich alle betroffenen Kinder überdies
damit konfrontiert, dass das Lesen und Verstehen von Texten nun nicht mehr nur
auf das Fach Deutsch beschränkt ist. Jetzt tauchen Textblöcke immer häufiger
auch in anderen Schulfächern auf, sodass sich das Problem für die Kinder aus-
weitet und wegen der unerkannten Lese-Rechtschreib-Schwäche allmählich
auch die Leistungen in den anderen Fächern nachlassen können.

Von Lehrern übersehen

Mitunter tragen sogar Lehrkräfte ungewollt ihren Teil dazu bei, dass Lese- und
Rechtschreibstörungen bei den Kindern zunächst gar nicht oder zu spät er-
kannt werden. Besorgte Eltern, denen die Schwierigkeiten ihrer Kinder schon
in den ersten Schuljahren auffallen, werden dann mit Sätzen wie »Der Knoten
platzt bei manchen Kindern erst etwas später; das kommt schon noch« oder
»Das wächst sich sicher noch aus« beruhigt.
Es gibt aber auch Lehrer, die ihren bei ungeübten Diktaten schlechten Klas-
senschnitt zwischendurch anheben, indem sie auch in der dritten und vierten
Klasse immer noch geübte Diktate schreiben. Das kommt den Gedächtnis-
Künstlern zugute, die sich auf diese Weise länger durchmogeln können. Für
die Eltern, vor allem aber für die Kinder wird die Situation jedoch immer
schlimmer, je länger dem Kind nicht geholfen wird.

Allen gemeinsam: das Problem mit dem »Übersetzen«

Allen betroffenen Kindern gemeinsam ist die Unfähigkeit, gesprochene Sprache nach den allgemein gültigen Regeln sicher in geschriebene Sprache zu übertragen; ebenso wie die Unfähigkeit, Geschriebenes in gesprochene Sprache umzuwandeln. Dabei vergrößert sich das Problem der Kinder meist umso mehr, je länger sie es schon vor sich herschieben. Werden die Defizite beim Lesen- und Schreibenlernen bereits im ersten Schuljahr durch gezielte Förderung behoben, haben die Kinder eine realistische Chance, ihre Schwierigkeiten bald zu überwinden. Haben sich aber erst einmal falsche Lesestrategien und größere Lücken in der Rechtschreibung verfestigt, wird Hilfe schwieriger. Sie braucht mehr Zeit und muss zudem den Widerstand der frustrierten Kinder überwinden.

Es gibt immer eine Lösung

Trotzdem ist eine gezielte Hilfe bei Lese- und Rechtschreib-Störungen immer möglich und notwendig. Denn nur mit angemessenen Hilfen können die Kinder wieder zu sich selbst finden, sodass sich ihr angeknackstes Selbstbewusstsein erholen kann. Viele von ihnen werden auch so gut lesen und verständlich schreiben lernen, dass sie die Schulzeit und später dann eine Berufsausbildung beziehungsweise ihr tägliches Leben ohne Probleme bewältigen können. Allerdings gibt es bisher kein probates Verfahren und keine erprobte Therapie, die sich für alle betroffenen Kinder in gleicher Weise eignet. »Wunderheilungen« oder »Probleme-weg-in-wenigen-Wochen« sind zwar schöne Versprechungen, die aber so gut wie nie zu realisieren sind. Der Weg einer Förderung ist meist lang, aber es lohnt sich, ihn zu gehen, wenn er durch eine qualifizierte Fachkraft begleitet wird. Und auch Sie als Eltern können manches tun. Der erste Schritt besteht darin, zu überlegen ...

> warum Ihr Kind diese Probleme hat.
> wie Sie und Ihr Kind damit umgehen können.
> wie Hilfe von außen aussehen kann.
> wie Sie Ihrem Kind mit den notwendigen Hintergrundinformationen und Übungen selbst helfen können.
> wie Sie Ihrem Kind zeigen können, dass es trotz seiner Probleme ein wertvoller Mensch mit vielen Qualitäten ist und von Ihnen sehr geliebt wird.

Rechtschreibschwäche, -störung oder doch Legasthenie?

Wir müssen noch einmal zurück zu der Frage: Wovon reden wir eigentlich, wenn wir sagen, dass ein Kind Schwierigkeiten beim Lesen- und Schreibenlernen hat? Denn die unterschiedlichen Bezeichnungen und Bedeutungen sorgen im Gespräch mit Lehrern und Therapeuten oft für Verwirrung. Geht es da nun um eine Lese-Rechtschreib-Schwäche oder um Legasthenie? Hat das Kind eine umschriebene Lese- und Rechtschreibstörung, eine Teilleistungsschwäche oder eben einfach nur Schwierigkeiten beim Lesen- und Schreibenlernen?

Diese Klärung ist wichtiger, als es zunächst den Anschein hat. Denn gerade Forscher aus Psychologie und Medizin waren und sind auch heute noch darum bemüht, Kinder mit Lese- und Rechtschreibstörungen abzugrenzen von solchen, die »einfach bloß Fehler machen«. Sie versuchen, ihnen besondere Merkmale zuzuweisen, die sie als von einer Teilleistungsschwäche im Erlernen von Lesen und Schreiben betroffen erkennbar machen. Das hat mitunter zu merkwürdigen Ergebnissen geführt und die verschiedenen Auffassungen beeinflusst. Denn je nach Wissensstand berufen sich auch heute noch einige Lehrkräfte oder »Experten« auf Definitionen, die sie irgendwann einmal gelernt haben, die heute aber eigentlich keine Rolle mehr spielen. »Also, Legastheniker ist Ihr Kind nicht – es macht überhaupt keine typischen Legasthenie-Fehler«, heißt es dann etwa. Oder zum Beispiel : »Wenn ihr Kind wirklich Legastheniker wäre, müsste es in den nichtsprachlichen Fächern ja besonders gut sein.« Und dann hält sich auch noch hartnäckig die Aussage: »Wir wissen doch schon seit dreißig Jahren, dass es Legasthenie überhaupt nicht gibt.«

Und das sagt die Wissenschaft

Werfen wir zunächst einen Blick zurück auf die Entstehungsgeschichte unserer Begriffsprobleme. Sie begann vor etwa 110 Jahren: 1896 beschrieb ein englischer Arzt namens Morgan den Fall eines Jungen, der nicht lesen und schreiben lernen konnte, obwohl er eigentlich recht intelligent zu sein schien. Morgan vermutete bei dem Jungen eine Störung in einem bestimmten Bereich des Gehirns und bezeichnete seine Unfähigkeit ebenso bildlich wie einleuchtend als »Wortblindheit«. Damit wollte er ausdrücken, dass sich das »geistige Unvermögen« des Jungen ausschließlich auf das Lesen- und Schreibenlernen bezog.

Gut zwei Jahrzehnte später tauchte der Begriff »Legasthenie« auf. Das aus dem Lateinischen (legere = lesen) und Griechischen (asthenia = Schwäche) stammende Wort bedeutet übersetzt – wie auch der im angloamerikanischen Raum übliche Begriff »Dyslexia« – also nicht mehr als »Leseschwäche«. Dass die Rechtschreibprobleme im Fachbegriff nicht auftauchten, liegt wohl daran, dass sich die Forschung damals vor allem mit Leseproblemen beschäftigte und die Rechtschreibproblematik erst einmal unberücksichtigt ließ.

Erst als sich die Forschung schließlich auch der mangelhaften Rechtschreibung der Betroffenen zuwandte, wurde der Begriff Legasthenie im deutschen Sprach-

FOLGENREICHE FEHLDIAGNOSE

INFO

Bei der Hypothese, dass die Lese-Rechtschreib-Schwäche von einer »geistigen Schwäche« verursacht würde, handelte es sich um eine tragische Fehleinschätzung, die leider lange unbemerkt blieb. Die Folge: Viele Kinder mit Lese- und Rechtschreibschwierigkeiten wurden trotz normaler Intelligenz bis über die Mitte des 20. Jahrhunderts hinaus routinemäßig in die Sonderschule verbannt.

Diese Praxis wurde erst aufgegeben, als die Schweizer Kinderpsychiaterin Maria Linder 1951 den Intelligenzbegriff ins Spiel brachte. Fortan wurde Legasthenie als eine besondere Schwäche beim Lesen- und Schreibenlernen definiert, die bei Kindern »trotz normaler Intelligenz« auftreten kann. Damit gelang es, Legasthenie von einer allgemeinen Lernschwäche abzugrenzen – ein Durchbruch, der fortan viele Kinder vor der Sonderschule bewahrte.

raum auch als »Lese-Rechtschreib-Schwäche« übersetzt und erweitert. Als deren Ursache vermutete man zunächst eine »geistige Schwäche« – eine Fehldiagnose mit schlimmen Folgen für die betroffenen Kinder (siehe Seite 34).

Von der Ursache zur Bezeichnung

Ziel der Forschung war es, nicht nur die Ursache dieser merkwürdigen Ausfallerscheinung zu finden, sondern damit zugleich auch ein Merkmal, das die Betroffenen von Menschen unterschied, die damit keine Probleme hatten. Zu diesem Zweck verglichen die Wissenschaftler immer wieder eine größere Gruppe von Kindern mit starken Lese- und Rechtschreibschwierigkeiten mit einer ebenso großen Gruppe von Kindern, die sehr gut lesen und schreiben konnte. Dabei wurden alle möglichen Fähigkeiten und Fertigkeiten abgefragt, um auf diese Weise Unterscheidungsmerkmale zu finden. Und das schien auch zu gelingen: Da waren zum einen Menschen, denen man wegen ihrer geringen Intelligenz von vornherein keine Lernerfolge zutraute, und andere, die eine mangelhafte Schulausbildung hatten. Aber beide Gruppen waren ja gerade nicht gemeint, wenn man von Lese-Rechtschreib-Schwäche sprach. Um das auszudrücken, verfeinerte man den Begriff und sprach von »umschriebener Lese- und Rechtschreib-Schwäche« oder von »Lese- und Rechtschreib-Störung«. Auch der häufig verwendete Begriff der »Teilleistungsschwäche« sollte das Ziel deutlicher machen: Gesucht wurde der bis dato unbekannte Faktor, der eine Leistungsschwäche auslöste, die sich nur auf das Lesen- und Schreibenlernen bezog.

Probleme beim Hören und Sehen als erste Ursachen

Und auch hier wurde man scheinbar fündig. Da gab es unter den »Problemkindern« vermehrt solche, die anscheinend Laute nicht richtig hören oder voneinander unterscheiden konnten. Bei ihnen nahm man an, dass es im Hörzentrum ihres Gehirns Defizite gab, die dann zu den Ausfällen beim Lesen- und Schreibenlernen führten. Typisch für diese Störung schienen zum Beispiel ausgelassene oder falsche Buchstaben beim Schreiben und vermehrte Schwierigkeiten beim Zusammenziehen von Lauten beim Lesen zu sein.
Bei anderen aber schienen es nicht die Laute, sondern die Buchstabenformen zu sein, die sie schlecht voneinander unterscheiden konnten. Das schien eher auf

Verarbeitungsschwächen im Sehzentrum hinzudeuten. Verwechslungen von b und d, p und q, von ie und ei und anderen ähnlichen Buchstabenformen schienen damit in Zusammenhang zu stehen. Folgerichtig unterschied man eine akustische und eine visuelle Legasthenie. Die Merkmale einer dieser beiden »Legasthenie-formen« mussten also beim Lesen und Schreiben feststellbar sein, wenn es sich um eine »echte« Legasthenie handeln sollte. Dieser Auffassung begegnet man auch heute noch, obwohl sie nicht mehr den neuesten Erkenntnissen entspricht.

ADS & Co. – die Ursache?

Und schließlich hatten auch Befunde nicht lange Bestand, die zu dem Schluss kamen, dass eine »minimale cerebrale Dysfunktion« Auslöser für die Lese-Rechtschreib-Schwäche sei. Das war seinerzeit ein Sammelbegriff für alle mög-lichen Störungen, für die keine eindeutige Ursache zu finden war. Vor allem waren es Kinder mit Auffälligkeiten, die unter den Begriffen »Hyperaktivität« oder »Aufmerksamkeitsdefizit« bekannt sind. Auch hier zeigte sich: Einige Kin-der mit Schwierigkeiten beim Lesen- und Schreibenlernen hatten zugleich auch Aufmerksamkeitsdefizite. Aber als Definitionsmerkmal taugte auch das nicht. Es gab einfach zu viele Kinder mit Aufmerksamkeitsdefiziten, die keinerlei Schwierigkeiten mit dem Lesen- und Schreibenlernen hatten, und umgekehrt. Und trotzdem glauben auch heute noch manche Lehrkräfte, beide Erscheinun-gen – Lese-Rechtschreib-Störungen und Konzentrationsprobleme – müssten gemeinsam auftreten, um von »echter Legasthenie« sprechen zu können.

Die Kehrtwende in den 70er Jahren

In den 1970er Jahren kamen ein Pädagoge und ein Psychologe zu dem Schluss, dass es Legasthenie gar nicht gäbe. Sie sei ein Konstrukt, ja sogar Unfug – es gäbe schließlich auch keine Bocksprung- oder Klavierspielstörung.
Dieser Spuk wäre vielleicht nicht so bedeutsam gewesen, wenn nicht die deut-schen Kultusminister diese Einwände dankbar aufgegriffen hätten. Kurz zuvor hatten sie auf Druck von Elternverbänden durch entsprechende Erlasse in den Schulen Rücksichtnahmen auf Legastheniker und besondere Fördermaßnah-men angeordnet. Doch nun konnten sie sich in anstehenden Verordnungen auf die »neuen wissenschaftlichen Erkenntnisse« berufen, dass der Begriff Legas-

thenie keine klar umschriebenen Inhalte umfasse – und schafften ihn für die deutschen Schulen einfach ab. »Legasthenie gibt es gar nicht«, hieß es nun auch offiziell. Mit dem Erfolg, dass diese fatale Fehleinschätzung auch heute noch im Bewusstsein mancher Lehrkräfte zu finden ist.

Wege aus dem Dilemma

Diese geschichtliche Entwicklung und der Streit um Begriffe macht die Situation auch heute noch unübersichtlich. Denn der ganze Streit um Begriffe und Definitionen ändert schließlich nichts daran, dass

> es Kinder gibt, die beim Lesen- und Schreibenlernen besondere Schwierigkeiten haben.
> diesen Kindern durch besondere Unterstützung in der Schule oder notfalls auch außerhalb der Schule geholfen werden muss, mit diesen Schwierigkeiten fertig zu werden.

Das sahen natürlich auch die Schulbehörden weiterhin so. Deshalb haben sie mittlerweile fast in allen deutschen Bundesländern Regelungen für Maßnahmen gefunden, mit denen in der Schule »Kindern mit besonderen Schwierigkeiten beim Lesen- und Schreibenlernen« geholfen werden soll. Sie wurden jüngst neuen pädagogischen Einsichten angepasst. Leider werden diese Maßnahmen in den Schulen aber häufig nur unzureichend oder gar nicht umgesetzt.

EIN PROBLEM – VIELE NAMEN

Heute wird im Allgemeinen davon ausgegangen, dass alle Begriffe – Legasthenie, Lese-Rechtschreib-Schwäche, -Störung oder -Schwierigkeiten beim Erlernen des Lesens und Schreibens – das gleiche Erscheinungsbild beschreiben: Es gibt Kinder, die beim Lesen- und Schreibenlernen deutlich schlechtere Leistungen erbringen als in anderen Leistungsbereichen. Und die Ursachen hierfür liegen nicht in irgendwelchen »Begleitstörungen«. Fast immer liegt der Grund in den Lernvoraussetzungen, die die Kinder zum Zeitpunkt der Einschulung, also im Kindergartenalter, entwickelt haben und in die Schule mitbringen – oder eben nicht. Mehr Infos dazu finden Sie ab Seite 44.

INFO

> EIN FALL FÜR DIE
WELTGESUNDHEITSORGANISATION (WHO)

Mittlerweile ist bekannt, dass Schwierigkeiten mit dem Lesen- und Schreibenlernen in allen Sprachen auftreten, die ein alphabetisches System haben. In den achtziger Jahren beschäftigte sich die WHO mit diesem Thema. Dabei wurden Merkmale festgelegt, mit deren Hilfe auch die Lese- und Rechtschreibstörung« und die »isolierte Rechtschreibstörung« für die ärztliche Beurteilung beschrieben wird. Das Hauptmerkmal der LRS als »umschriebene Entwicklungsstörung schulischer Fertigkeiten« ist eine bedeutsame Beeinträchtigung der Lesefertigkeiten mit Merkmalen wie zum Beispiel:

> Das Lesetempo ist deutlich verlangsamt.

> Wörter oder Wortteile werden beim Lesen ausgelassen, ersetzt oder verdreht.

> Stockendes Lesen von Wort zu Wort, aber auch von Buchstabe zu Buchstabe.

> Wörter werden ungenau und nicht sinnhaft betont.

> Die Leseleistungen liegen deutlich unter dem Leistungsstand, der auf Grund des Alters, der altersgemäßen Intelligenz und der Beschulung zu erwarten wäre.

Bei umschriebenen Lesestörungen treten außerdem fast immer Rechtschreibstörungen auf. Folgende Merkmale deuten darauf hin:

> Verdrehen von Buchstaben in Wörtern.

> Buchstaben im Wort werden umgestellt (dei statt die).

> Buchstaben in Wörtern werden ausgelassen (ach statt auch).

> Falsche Buchstaben werden eingefügt (Artzt statt Arzt).

> Fehler bei der Dehnung von Lauten (Zan statt Zahn).

> (Regel-)Fehler in der Groß- und Kleinschreibung.

> Verwechslung ähnlich klingender Buchstaben wie etwa d/t, g/k oder v/f.

> Ganz wichtig: Wörter, die heute richtig sind, werden morgen falsch geschrieben und andersherum. Auch die Fehler innerhalb der Wörter können immer wieder variieren.

> Die Schwierigkeiten erklären sich nicht durch eine neurologische Erkrankung oder Behinderung, durch Hör- oder Sehbeeinträchtigungen. Sie erklären sich auch nicht durch eine hirnorganische Krankheit, die zum Verlust der Lese- und Rechtschreibfähigkeit geführt hat, und nicht durch mangelhaften Schulbesuch.

> Die Rechtschreibstörungen bleiben häufig bestehen, selbst wenn sich die Leseleistung verbessert.

Die rechtliche Situation

Die Aufnahme der Lese- und Rechtschreibstörung in die »Internationale Klassifikation psychischer Störungen« hat in Deutschland allerdings weniger positive Auswirkungen als anderswo: Denn im deutschen Sozialrecht wird sie nicht, wie sie von der WHO definiert wird, als Krankheit anerkannt. Das bedeutet, dass Hilfeleistungen, selbst wenn sie von Kinder- und Jugendlichenpsychotherapeuten durchgeführt werden, nicht über die Krankenkassen abgerechnet werden können. Kinder mit Lernstörungen können erst dann zu Lasten der Krankenkassen behandelt werden, wenn ihre Lese- und Rechtschreibschwierigkeiten zu bedeutsamen Verhaltensstörungen, zu psychischen Auffälligkeiten oder zu psychosomatischen Störungen geführt haben. Doch selbst wenn es so weit gekommen ist, werden ausschließlich die oben genannten Symptome behandelt, nicht aber die Lese- und Rechtschreibstörung als Ursache.

So sehen es die Behörden

Grundsätzlich ist aber die Kostenübernahme einer Behandlung durch die Jugendämter möglich, wie es das Kinder- und Jugendhilfegesetz (KJHG) bestimmt (siehe dazu auch Seite 79). Das geht aber nur, wenn festgestellt wird, dass bei dem Kind eine »seelische Behinderung« droht oder eingetreten ist. Für die Entscheidung darüber sind die Jugendämter zuständig. Da diese den Verwaltungen von Städten oder Kreisen zugehörig sind, ist die Jugendbehörde des jeweiligen Landes der oberste Dienstherr. Und die Jugendbehörden haben nun für ihre jeweiligen Bundesländer Ausführungsbestimmungen erlassen, die nach Umfang und Inhalt sehr unterschiedlich sein können. Deshalb ist es auch nicht möglich, hier auf Einzelheiten einzugehen. Im Allgemeinen gilt aber für die »Anerkennung« übereinstimmend, dass ...

> der statistische Gesamtwert eines standardisierten Rechtschreibtests bei dem Kind deutlich unter dem Durchschnitt der jeweiligen Klassenstufe liegt,

> der statistische Gesamtwert eines standardisierten Intelligenztests deutlich über denen seines Rechschreibtests liegt,

> psychische Beeinträchtigungen nachweisbar sind, die darauf hindeuten, dass mit einer seelischen Behinderung gerechnet werden muss oder sie bereits eingetreten ist.

Der lange Weg
zur Diagnose

Wie lernen wir eigentlich lesen und schreiben? Indem wir in die Schule gehen und dort aufmerksam mitarbeiten? Das stimmt oft, aber eben nicht immer. Um die Schwierigkeiten betroffener Kinder zu verstehen, müssen wir zunächst einmal wissen, wie Lesen- und Schreibenlernen normalerweise funktioniert. Dann können wir auch die Frage beantworten, wie ihnen wirksam geholfen werden kann.

Wie lernen wir lesen und schreiben?

Alles Lernen spielt sich in unserem Gehirn ab. Dieses Organ ist ein riesiges Netzwerk aus Milliarden von Hirnzellen, in dem über unendlich viele Schaltungen unendlich viele Informationen über alle Sinne ankommen, dort gespeichert und miteinander vernetzt werden. Immer wenn wir etwas Neues lernen, wird das vorhandene Netz ergänzt, vertieft oder teilweise sogar neu gestaltet. Sind bereits Kenntnisse in einem bestimmten Wissensbereich erworben worden, ist es leichter, Neues aufzunehmen und mit dem schon Vorhandenen zu verknüpfen. Solche »Vor-Erfahrungen«, die auch »Vorläuferfertigkeiten« genannt werden, sind also eine wesentliche Voraussetzung für das Erklimmen weiterer Lernstufen.

Beim Lesen- und Schreibenlernen ist das nicht anders. Auch diese Lernprozesse bauen auf bestimmten Kenntnissen und Fertigkeiten auf, die schon da sein müssen, wenn die Kinder in die Schule kommen. Welche Vorläuferfertigkeiten das sind, haben psychologische Untersuchungen erst in den letzten Jahrzehnten ans Licht gebracht. Dabei hat sich neben einem gewissen Maß an Aufmerksamkeitssteuerung und Gedächtnisleistung vor allem die so genannte phonologische Bewusstheit als tragende Säule für den späteren Schulerfolg beim Lesen- und Schreibenlernen erwiesen.

Sprache: für Kinder nichts als Worte

»Welches Wort ist länger: Haus oder Küchenfenster?«, wird Fabian, ein aufgeweckter Vierjähriger, gefragt. »Haus«, sagt er im Brustton der Überzeugung und kann die Heiterkeit nicht verstehen, die seine Antwort auslöst. »Kannste ja hinkucken, dann siehste selbst!«, ruft er verärgert, schwingt sich auf sein Dreirad und strampelt davon. Das ist für Fabian entscheidend: Das Wort Haus bedeutet ganz konkret »das Haus«, und ein Haus ist groß; das Wort Küchenfenster bedeutet »das Küchenfenster«, und das ist klein. Wort und Gegenstand sind für Kinder seiner Altersstufe noch identisch. Oder andersherum: Fabian kann von dem Gegenstand »Haus« das Wort »Haus« noch nicht als einen Bestandteil der Sprache ablösen. Für Fabians Verständigung mit Eltern und Freunden ist das nicht weiter hinderlich. Sprache ist allein Mittel der Information, und dafür reicht es, dass er sprechen und hören kann. Dass es längere

und kürzere Wörter gibt und dass er in Sätzen spricht, die aus mehreren Wörtern bestehen, braucht er noch nicht zu wissen. Und schon gar nicht, dass Wörter in Silben oder in einzelne Laute zerlegt werden können. Sprache ist für ihn an Inhalte gebunden; dass Sprache eine Struktur hat, die unabhängig von den Inhalten besteht, weiß er nicht.

Ganz anders wird die Sache, wenn Fabian in die Schule kommt und lesen und schreiben lernen soll. Jetzt muss er plötzlich beim Schreiben einzelne Laute durch Schriftzeichen, also durch Buchstaben ersetzen, und beim Lesen muss er diesen Buchstaben einzelne Laute zuordnen können. Wenn er »Esel« schreiben soll, muss er also hören, dass »Esel« mit einem /e/ beginnt, dass dann ein /s/ folgt, dass wieder ein /e/ kommt, das sich nun aber anders anhört als das erste, und dass das Wort schließlich mit einem /l/ endet. Und zu jedem dieser Laute muss er in seinem »Buchstabengedächtnis« jeweils den richtigen Buchstaben finden und in der richtigen Reihenfolge aufschreiben.

Damit das gelingt, muss Fabian über die Wortbedeutung hinaus die formale Struktur eines Wortes erkennen können. Er muss wissen, dass sich ein Wort in Laute zerlegen lässt. Das ist es, was die Sprachentwicklungsforscher »phonologische Bewusstheit« nennen und was Fabian unbedingt können muss, bevor er in die Schule kommt.

Phonologische Bewusstheit

Unter diesem auf den ersten Blick etwas komplizierten Begriff versteht man die Fähigkeit, die Lautstruktur der gesprochenen Sprache zu erfassen. Die Ausbildung der phonologischen Bewusstheit in den ersten Lebensjahren ist die Grundvoraussetzung dafür, dass wir lesen und schreiben lernen können. Doch was genau bedeutet das?

Normalerweise dient Sprache dazu, etwas mitzuteilen: »Heute ist schönes Wetter.« Doch unabhängig davon, dass wir etwas über das Wetter erfahren haben, können wir das Gesagte auch vom Inhalt ablösen und rein formal betrachten: »Heute ist schönes Wetter« ist dann einfach nur irgendein Satz, der aus vier Wörtern besteht. Und wenn wir weiter analysieren, können wir sagen: Die Wörter »Heute«, »schönes« und »Wetter« haben jeweils zwei Silben, »ist« hat nur eine Silbe. Das gilt grundsätzlich auch so für den Satz »Die Hunde bellen schrecklich«. Und es lassen sich unzählige andere Sätze bilden, die den gleichen Merkmalen entsprechen, ohne dass ihr Inhalt eine Rolle spielt.

DIE VORLÄUFERFERTIGKEITEN – OHNE SIE GEHT NICHTS!

Die Wissenschaft geht von drei besonders wichtigen Vorläuferfertigkeiten aus, ohne die es nur schwer möglich ist, problemlos lesen und schreiben zu lernen:

1. Da sind zum einen diejenigen sprachlichen Fähigkeiten, die unter dem wissenschaftlichen Begriff der »phonologischen Bewusstheit« zusammengefasst werden können. Darunter versteht man die Fähigkeit des Kindes, die Strukturen der gesprochenen Sprache zu verstehen, die es unabhängig von der Bedeutung eines Wortes gibt.

2. Zum anderen kann ein Kind nur dann Lesen und Schreiben lernen, wenn es ein gewisses Maß an Aufmerksamkeit aufbringen kann. Denn es braucht zum Beispiel aufmerksames Verhalten, wenn es die verschiedenen Buchstabenformen lernen, behalten und unterscheiden soll.

3. Schließlich muss es bestimmte Gedächtnisleistungen erbringen können. Wenn es zum Beispiel ein Wort entziffern will, muss es am Schluss noch behalten haben, wie es angefangen hat. Sonst nützt die ganze Lesearbeit wenig und der Sinn bleibt verborgen. Hinzu kommt noch, dass die einzelnen Buchstaben beim Lesenlernen auch permanent aus dem Langzeitgedächtnis abgerufen werden müssen.

Man kann auch einzelne Wörter hinsichtlich ihrer Struktur untersuchen: Die Wörter »legen« und »Lampe« haben zum Beispiel unabhängig von ihrer unterschiedlichen Wortbedeutung mehrere gemeinsame Strukturmerkmale, die auch von Kindern erkannt werden können: Beide Wörter bestehen aus jeweils zwei Silben, fangen mit dem Laut /l/ an und setzen sich aus jeweils insgesamt fünf Lauten zusammen. Dasselbe würde gelten für die Wörter »Linde« und »lerne« oder für die Wörter »Lifpa« und »Lumto« – wenn es sie denn gäbe. Aber wie gesagt: Die Wortbedeutung spielt ja keine Rolle.

Das Sprachverständnis wächst mit

So gut wie jedes Kind weiß natürlich beim Schuleintritt, dass Rose und Hose unterschiedliche Dinge sind. Es hört also den Unterschied im gesprochenen Wort. Doch das muss noch nicht bedeuten, dass es auch erklären kann, worin der Unterschied tatsächlich besteht. Kein dreijähriges Kind wäre in der Lage zu sagen, dass das eine Wort mit einem Laut anfängt, den wir /r/ nennen, und das andere mit dem Laut beginnt, der durch den Buchstaben »H« gekennzeichnet ist, während der Rest des Wortes gleich klingt. Für Kinder reicht zur Unterscheidung die Tatsache aus, dass die Wörter sich irgendwie unterschiedlich anhören.

Singen und Klatschen fördert die Sprachentwicklung schon im Kindergarten.

Vom Großen zum Kleinen

Ganz allmählich im Laufe ihrer Entwicklung lernen Kinder dann zunächst, größere sprachliche Einheiten zu erfassen. Werden sie durch kleine Gedichte und Lieder angeregt, lernen sie den Gleichklang bei Reimwörtern aufzunehmen. Sie können jetzt unterscheiden, dass sich Hose und Rose reimen, Hose und Rabe aber nicht. Und sie lernen nach und nach, dass sich Wörter in Silben unterteilen lassen. Das geschieht häufig durch Abzählreime, bei denen silbenweise mit dem Finger reihum gezeigt wird. Sie können also RO-SE klatschen und vielleicht auch schon GÄN-SE-BLÜM-CHEN. Deshalb müssen sie aber noch nicht erkennen, dass das Wort Rose kürzer ist als das Wort Gänseblümchen. Und es muss ihnen auch noch nicht gelingen, einen einzelnen Laut aus einem dieser Wörter herauszuhören. Zu diesem Zeitpunkt gehen Kinder noch mit Sprachstrukturen um, ohne sie bewusst zu verstehen. Aber wesentliche Punkte der phonologischen Bewusstheit haben sie damit schon erreicht.

Für den Zeitpunkt der Einschulung ist es ideal, wenn ein Kind einfache Wörter in seine Lautbestandteile zerlegen und wieder zusammensetzen kann. Das Zerlegen eines Wortes in Laute (die Lautanalyse) fällt Kindern im Allgemeinen leichter als das Zusammensetzen von Einzellauten (die Lautsynthese) zum Wort.

Erster Shritt: phonologische Bewusstheit im weiteren Sinn

»Phonologische Bewusstheit« im weiteren Sinne lässt sich ganz allgemein beschreiben als die Fähigkeit, mit den Strukturen der Sprache umzugehen, die es unabhängig von der Wortbedeutung gibt. In der Stufenfolge der Entwicklung bedeutet das, dass Kinder ...

> ... größere sprachliche Einheiten wie Wörter und Sätze unterscheiden können. Es genügt dabei, wenn es einfache Sätze erkennen kann: »Der Hund bellt« oder »Das Kind geht in das Zimmer«. Aber es sollte auch wissen, dass der zweite Satz länger ist als der erste, weil er aus mehr Wörtern besteht.

> ... ähnliche Wortklänge und Reime wahrnehmen können. Das Kind kann unterscheiden, dass »Turm« und »Wurm« fast gleich klingen, obwohl sie Verschiedenes bedeuten. Sie reimen sich also, während »Turm« und »Topf« sich nicht reimen.

> ... Wörter in Silben zerlegen können. Wenn das Kind weiß, dass unsere Sprache aus unterschiedlich langen Sätzen besteht, sollte es auch wissen, dass Wörter unterschiedlich lang sein können und längere Wörter beim Sprechen in kleinere Einheiten, also in Silben, zerlegt werden können.

Zweiter Schritt: phonologische Bewusstheit im engeren Sinn

Die phonologische Bewusstheit im engeren Sinn baut auf diesen Fähigkeiten auf. Es geht jetzt um die einzelnen Lauteinheiten, aus denen ein Wort besteht. Das Wort See zum Beispiel besteht aus den beiden Lauteinheiten /s/ und /e/; Kuh aus /k/ und /u/. Wohlgemerkt: Es geht nicht etwa um die Buchstaben, sondern um die hörbaren Laute, aus denen das Wort besteht. Zur phonologischen Bewusstheit

> ## WIE SIEHT ES MIT IHRER KENNTNIS VON SPRACH-STRUKTUREN AUS?

Bereits Kindergartenkinder sind in der Lage, einfache Sprachstrukturen intuitiv richtig zu erkennen und anzuwenden. Viele der Regeln, nach denen die Muttersprache funktioniert, werden so verinnerlicht, dass wir auch später nie darüber nachdenken. Versuchen Sie es selbst einmal: Sie finden hier zwei Wörter, die es in der deutschen Sprache nicht gibt, die es – theoretisch – aber geben könnte. Decken Sie das untere Wort erst einmal ab und lesen Sie nur das obere. Lesen Sie es laut und hören Sie sich dabei zu. Jetzt lesen Sie es bitte noch einmal silbenweise. Wenn Sie das getan haben, verfahren Sie mit dem zweiten Wort genauso.

SOMWOTEN

SOWOMTEN

Beim Lesen des ersten Wortes werden Sie höchstwahrscheinlich das erste »o« kurz und das zweite »o« lang ausgesprochen haben – so, wie Sie es auch beim Wort »Otto« hören können. Beim zweiten Wort werden Sie das genau umgekehrt gemacht haben; Sie werden also das erste »o« wie in »Ofen«, und das zweite »o« wie in »offen« ausgesprochen haben. Dies entspricht der deutschen Schreibregelung, nach der in Wortstämmen der Vokal lang gesprochen wird, wenn nur ein Konsonant folgt (Beispiel »Ofen«). Folgen zwei oder mehr Konsonanten, wird der Vokal – von wenigen Ausnahmen abgesehen – kurz ausgesprochen (Beispiel »offen«).

Und warum haben Sie dann das »e« in beiden Fällen kurz gesprochen, obwohl doch auch nach ihm nur ein Konsonant steht? Wahrscheinlich, weil Sie -en als eine Wortendung angesehen haben, die an den Wortstamm angehängt ist und die dessen Regeln nicht gehorchen muss.

Und auch für die Silbentrennung in som-wo-ten und so-wom-ten, die sicherlich auch Ihrer Trennweise entspricht, gibt es Regeln, die Sie verinnerlicht haben, ohne dass Sie imstande sein müssen, sie zu formulieren: Eine Silbe soll möglichst mit einem Konsonanten beginnen, ohne Rücksicht auf den Wortstamm. Also schrei-ben, obwohl schreib- der Stamm und nur -en die Endung ist.

im engeren Sinne zählen also folgende Schritte:

> **Anlaute erkennen:** Das Kind kann hören, dass zum Beispiel See mit dem Laut /s/ anfängt. Es erkennt, dass der Laut /s/ in See identisch ist mit einem separat gesprochenen /s/ und dem /s/ in Sonne. Dieser Laut /s/ muss vom Kind selbst erkannt und gebildet werden können. Er muss also in seinem Gedächtnis gespeichert sein.

> **Endlaute erkennen:** Was für die Anlaute gilt, trifft im nächsten Schritt auch für den Laut zu, mit dem ein Wort endet. Auch er muss als einzelner Laut erkannt und wiedergegeben werden

können. Danach gelingt dann auch der dritte Schritt.

> **Ganze Wörter lautieren:** Wenn das Kind diese Stufe erreicht hat, kann es das Wort »Name« in seine einzelnen Lautbestandteile gliedern: /n/a/m/e. Es kann weiter feststellen, dass der Laut /m/ in Name genauso klingt wie vorn bei Maus oder hinten bei Baum. Und es kann aus den deutlich vorgesprochenen Lauten /n/a/m/e/ das Wort »Name« zusammensetzen.

Das klingt auf den ersten Blick recht anspruchsvoll. Doch sollten Sie dabei immer im Blick haben, dass Ihr Kind keine langen, schwierigen Wörter lautieren können muss. Es reicht völlig aus, wenn es bis zur Einschulung kleine, einfache Wörter mit maximal vier bis fünf Lauten in ihre Lautbestandteile zerlegen kann.

Viele Faktoren zählen

Lesen- und Schreibenlernen steht in engem Zusammenhang mit der Sprachentwicklung eines Kindes. Aber die für die Schriftsprache so wichtige phonologische Bewusstheit als Bestandteil der Sprachentwicklung bildet sich anscheinend nicht zwangsläufig von selbst, wenn Kinder sprechen lernen. Doch wie sieht eine günstige Sprachentwicklung aus? Was ist bei Kindern mit LRS falsch gelaufen? Hätte man hier schon früher etwas nachhelfen können?

WICHTIG !

SCHRIFTSPRACHE ≠ GESPROCHENE SPRACHE

Buchstaben sind ausschließlich Bestandteile der Schriftsprache und haben nichts mit der gesprochenen Sprache des Kindes zu tun. Sie sind lediglich geschriebene oder gedruckte Zeichen, die für die gesprochenen Laute stehen und dazu dienen, die gesprochene Sprache in eine geschriebene Sprache zu übertragen (kodieren) oder umgekehrt aus geschriebener Sprache wieder eine gesprochene zu machen (rekodieren).

Phonologische Bewusstheit spielerisch fördern

Bei der phonologischen Bewusstheit geht es darum, gezielt hinzuhören und Laute voneinander zu unterscheiden; es geht aber auch um Ähnlichkeiten und Verschiedenheiten bei Silben und Wörtern, um Sprachrhythmus und einzelne Laute, die in Silben und Wörtern enthalten sind. Zu diesen Themen gibt es zahlreiche neue, aber auch viele alte Kinderspiele. Grundlage sind Lauschspiele. Sie zeigen Kindern, dass Sprache etwas ist, auf das man hören und lauschen muss. Machen Sie also Geräusche, die das Kind mit geschlossenen Augen erraten soll: Papier zerreißen, in die Hände klatschen, etwas auf den Tisch legen, mit dem Löffel in der Tasse rühren, schmatzen, eine Münze auf die Erde werfen – es gibt Hunderte von Möglichkeiten. Und natürlich wird die richtige Lösung belohnt.

Ene, mene Muh!

Ebenso wesentlich wie das genaue Hinhören, ist der spielerische und häufige Umgang mit Sprache. Wer es versucht hat, weiß wie viel Spaß gemeinsames Singen und Reimen macht. Packen Sie daher die guten alten Abzählverse wieder aus und klatschen oder hüpfen Sie zusammen mit Ihren Kindern Ringel ringel Reihe oder Backe, backe Kuchen.

Für gute Ohren: Stille Post

Fast jeder kennt die »Stille Post«: Kinder und Eltern sitzen im Kreis. Papa darf anfangen und flüstert seinem Nachbar ein Wort oder einen kurzen Satz ins Ohr. Dann sagt dieser weiter, was er gehört hat. Der letzte Teilnehmer sagt den Satz laut. Stimmt er? Schwieriger wird es, wenn man Reimwörter flüstert. Hose – Rose; Zimmer – Schimmer; Fest – Rest; Fenster – Gespenster.
Oder Sie verstecken eine tickende Uhr im Raum, und das Kind soll sie finden, indem es dem Geräusch nachgeht.

Förderspiele, die Spaß machen

Förderspiele gibt es auch zu kaufen: Zu empfehlen sind »Ratz-Fatz« oder »Detektiv Horch« (siehe Bücher und Materialien, die weiterhelfen, Seite 122). Für etwas ältere Kinder ist die Spielesammlung »Sprechdachs« empfehlenswert. Auf weitere Spiele und auf Bücher zum Thema weisen wir auf Seite 123 hin. Da geht es dann um viele unterschiedliche Sprachspiele für alle Gelegenheiten. Und schließlich gibt es mit »MIMAMO« auch eine CD zum Thema phonologische Bewusstheit. Sie bietet eine Fülle von Überprüfungs- und Trainingsmöglichkeiten für Vorschulkinder und Schulanfänger.

❯ SO ENTWICKELT SICH DIE SPRACHE EINES KINDES

Das Sprechenlernen beginnt bereits im Mutterleib. Das Baby trainiert das »Sprechwerkzeug« Mund mit Lippen, Zunge und Gaumen und achtet bereits vom sechsten Monat an auf Geräusche und Stimmen in seiner Umgebung. Dann schreit das Baby nach der Geburt und hat damit seine eigene Sprache gefunden.

Bestimmte Laute können Kinder eher bilden als andere. Meist startet die Sprachkarriere mit den Vokalen »a« oder »o« und einfach zu bildenden Konsonanten. Kehllaute wie »k« oder »ch« sind erst später an der Reihe, auch »r« oder »s« lernen viele Kinder erst mit drei Jahren, und manche schwierigen Lautverbindungen wie »schr« und »pfl« beherrscht das Kind oft erst im fünften Lebensjahr.

Mit etwa einem Jahr ertönt das erste Wort, sechs Monate später kann es etwa fünfzig Wörter gebrauchen und mit zwei Jahren spricht es »Zwei-Wort-Sätze« wie etwa »Auto ham«. Danach geht es in atemberaubendem Tempo weiter: Mit drei bis vier Jahren kennen die meisten Kinder bereits etwa 2500 Begriffe, von denen sie etwa die Hälfte selbst benutzen. Auch können sie jetzt in ganzen Sätzen sprechen und entwickeln dabei zuweilen höchst kreativ eigene grammatische Formen. Sätze wie »Ich hab ganz schnell gerennt« oder »Mama hat grade abgewascht« sind bei Dreijährigen kein Grund zur Sorge. Meist genügt es, wenn der Erwachsene den Satz noch einmal richtig wiederholt ohne ihn direkt zu verbessern.

IST DIE PHONOLOGISCHE BEWUSSTHEIT ALTERSGEMÄSS ENTWICKELT?

Mit fünf Jahren ist die Sprachentwicklung im Großen und Ganzen abgeschlossen. Zeigt das Kind dann noch größere Auffälligkeiten, steht ein Besuch beim Logopäden an, denn Sprachstörungen sollten möglichst vor der Einschulung behoben werden, damit sie den schulischen Erfolg nicht behindern.

Ob sich nun bei der Sprachentwicklung auch die phonologische Bewusstheit des Kindes mit entwickelt hat, lässt sich aus der Redeweise der Kinder nicht einfach entnehmen. Die phonologische Bewusstheit sollte deshalb schon im Kindergarten überprüft werden. Wird dies etwa zehn Monate vor dem Einschulungstermin getan, ist noch genügend Zeit, bei Kindern mit Defiziten durch ein spielerisches Training die Rückstände aufzuholen. Für diese Untersuchung ist das »Bielefelder Screening zur Früherkennung von Lese-Rechtschreib-Schwierigkeiten« (kurz BISC) entwickelt worden. Für das Training stehen die Sprachspiele aus verschiedenen Programmen (zum Beispiel das Trainingsprogramm »Hören, Lauschen, Lernen«, siehe Seite 122) zur Verfügung«. Beides, Test wie Trainingsprogramm, können Erzieherinnen durchführen, wenn sie dafür gründlich und fachlich qualifiziert ausgebildet wurden, was in vielen Kindergärten bereits der Fall ist.

LRS oder nicht LRS?

Häufig sind es die Eltern, die als Erste bemerken, dass ihr Kind mehr Schwierigkeiten als andere Kinder hat, das Lesen und Schreiben zu erlernen. Wurden die Hausaufgaben zu Beginn der Schulzeit noch voller Eifer angegangen, hat sich nun bei vielen Kindern ein ungutes Gefühl eingeschlichen. Die schulische Begeisterung lässt zusehends nach. Die Kinder trödeln herum, haben keine rechte Lust, die Arbeit anzupacken, und sträuben sich gegen zusätzliche Übungs-Einheiten. Die immer wiederkehrenden

Schwierigkeiten fallen nun auch den Eltern auf und veranlassen sie, mit den Kindern noch intensiver zu üben. Da sich dabei jedoch keine wirklichen Fortschritte einstellen, verlieren die Kinder immer mehr die Lust an den »lästigen« Hausaufgaben und nicht zuletzt am Fach Deutsch. Und auch die Eltern reagieren hilflos auf den andauernden Misserfolg. Hinzu kommt, dass immer noch viele Lehrer eine LRS nicht oder viel zu spät erkennen und deshalb das Verhalten der Schüler erst einmal falsch deuten.

› SEBASTIAN (7 JAHRE) HAT GLÜCK IM UNGLÜCK

Sebastian war sechseinhalb Jahre alt, als er eingeschult wurde. Er sei groß und kräftig genug und auch sonst als schulreif einzustufen, hatte die Einschulungsüberprüfung beim Schularzt ergeben. Aber dann entwickelte sich alles anders als erwartet: Sebastian kam mit dem Lesen und Schreiben überhaupt nicht klar. Nach acht Monaten Schule kannte er zwar einige Buchstaben und konnte sie auch im Wort wiederfinden. Es wollte ihm aber partout nicht gelingen, zwei Buchstaben zu einer Silbe zusammenzuziehen. Mit seiner Mutter übte er Wörter, doch wenn er sie nach kurzer Zeit noch einmal schreiben sollte, hatte er bereits alles wieder vergessen. Er schrieb dann statt »lesen« mühsam »lns« oder »Dhof« statt »Brot«.

Im Kindergarten hatte er als aufgeweckter Junge gegolten, der leicht für Neues begeistert werden konnte. Aber mit kleinen Gedichten oder Liedern konnte er nicht viel anfangen. Er schien auch kaum ein Gefühl für Rhythmus entwickelt zu haben: Er konnte und wollte sich nicht im Takt von Musikstücken bewegen und Kinderlieder nicht im Takt mitsingen. Er baute stattdessen lieber in der Bauecke oder tobte draußen herum. Dabei fiel aber auf, dass er sich oft ungeschickt bewegte.

DIE SPRACHLICHE ENTWICKLUNG IST VERZÖGERT

Sprachlich hinkte Sebastian immer etwas hinterher, und er hat bis zur Einschulung nicht aufgeholt: Er spricht immer noch etwas verwaschen, und sein Wortschatz ist eher begrenzt. Als die Erzieherinnen im Kindergarten den Eindruck der Mutter bestätigten, ging sie mit ihm – ohne Ergebnis – zum Ohrenarzt. Eine logopädische Behandlung wurde vom Gesundheitsamt für nicht notwendig gehalten.

Seit Sebastian in die Schule geht, kontrolliert seine Mutter die Hausaufgaben und übt regelmäßig mit ihm, doch es stellen sich keine Erfolge ein. Inzwischen hat sie Zweifel, ob Sebastian das erste Schuljahr schaffen wird. Doch die Lehrerin macht ihr Mut und meint, das werde sich schon noch geben.

Als der Mutter immer mehr Zweifel kommen, lässt sie Sebastian von einer befreundeten Lehrerin prüfen, die sich mit der Frage von Lernvoraussetzungen beim Lesen- und Schreibenlernen intensiv befasst hat. Diese stellt fest, dass Sebastian noch gar nicht weiß, was ein Satz und was ein Wort ist; er kann auch die Ähnlichkeit von Reimwörtern nicht erfassen und Wörter nicht in Silben zerlegen. Bei einigen Wörtern kann er zwar den Anfangslaut erkennen, doch Laute am Ende oder gar in der Mitte eines Wortes kann er nicht identifizieren. Sie bietet an, die Defizite bei Sebastian spielerisch abzubauen. Die Mutter, vor allem aber Sebastian, willigen ein. Der Erfolg ist verblüffend, und Sebastian macht die Sache Spaß. Endlich hat er verstanden, worauf es ankommt! Er muss zwar das erste Schuljahr wiederholen, doch beim zweiten Versuch hat er keine Probleme mehr.

Was steckt hinter den Lernschwierigkeiten?

Jede Schwierigkeit beim Lernen hat irgendeine Ursache. Wenn man sie findet, kann man auch die richtigen Strategien entwickeln und die Defizite möglichst früh beheben. Doch häufig wird gar nicht oder erst sehr spät gezielt nach einer Ursache gesucht. Oder es wird etwas als Ursache angenommen, das nicht für die Probleme verantwortlich ist. In diesen Fällen geht häufig unnötig Zeit verloren, die bereits in eine sinnvolle Förderung investiert werden könnte.

Der Fall von Sebastian, der links beschrieben wurde, ist ein gutes Beispiel dafür. Die Lehrerin war nämlich der Meinung, dass Sebastian einfach noch die nötige Reife fehle und bei ihm der Knoten sicher bald platzen werde. Hätte die Mutter darauf gehört, hätte sie noch länger abgewartet, gehofft und wäre schließlich verzweifelt. Denn wenn die Hilfe am falschen Punkt ansetzt, bleibt sie meist erfolglos und verursacht für alle Beteiligten einen großen und fortdauernden Konflikt. Im schlimmsten Fall wirkt er sich auf Dauer sehr ungünstig auf die gesamte Entwicklung und auf die Lernerfolge des Kindes insgesamt aus (siehe dazu auch Seite 13).

Wichtig ist, dass alle Beteiligten akzeptieren, dass an der Situation erst einmal niemand schuld ist. Es geht also nicht um Schuldzuweisungen, sondern um die Ursachen der Probleme. Das heißt für die Eltern, dass Zweifel am guten Willen und Fleiß des Kindes, aber auch an den Qualitäten der Lehrkräfte oder den eigenen Erziehungsfähigkeiten nicht weiterhelfen. Die Probleme Ihres Kindes können verschiedene Gründe haben. Deshalb ist es notwendig, Fachleute um Rat zu fragen, die eine qualifizierte Untersuchung durchführen können. Durch die Ergebnisse werden die Probleme Ihres Kindes für alle begreifbar. Erst dann können gemeinsam die richtigen und notwendigen Hilfestellungen entwickelt werden.

LRS-VERDACHT: SCHNELL AKTIV WERDEN!

Als Eltern sollten Sie die Entwicklung Ihres Kindes genau im Auge behalten, um bei Bedarf auf fachliche Hilfe zurückgreifen zu können. Das heißt für Sie konkret: Beobachten Sie Ihr Kind bei den Hausaufgaben, schauen Sie sich seine Arbeiten an und lesen Sie unbedingt zwischen den Zeilen! Wenn Sie bereits sehr viel üben und trotzdem unter Diktaten, Schularbeiten oder in Zeugnissen noch Sätze lesen wie »Im Bereich Lesen sollte H. fleißiger üben, um seine Lesefertigkeit zu verbessern« oder »Nachschriften besser üben!«, sollten Sie hellhörig werden.

TIPP

HAT MEIN KIND AUFFÄLLIGE SCHWIERIGKEITEN BEIM LESEN UND SCHREIBEN?

TEST 1 (FÜR SCHÜLER DER 1. KLASSE): ERFÜLLT IHR KIND DIE VORLÄUFERFERTIGKEITEN FÜR DAS LESEN- UND SCHREIBENLERNEN?

1. Kann Ihr Kind Wörter in Silben zerlegen?
ja ☐ nein ☐

2. Kennt es den Unterschied zwischen Wort und Satz?
ja ☐ nein ☐

3. Kann es viersilbige Fantasiewörter wie »ma-li-no-ka«, »gu-si-ra-mi« oder »ko-si-ra-to« nachsprechen, wenn sie ihm einmal vorgesprochen werden?
ja ☐ nein ☐

4. Kann es feststellen, mit welchem Laut ein Wort beginnt oder endet?
ja ☐ nein ☐

5. Erkennt es, ob sich zwei Wörter reimen oder nicht, und kann es selbst Reime bilden?
ja ☐ nein ☐

6. Kann es alle Lautverbindungen und Laute richtig aussprechen?
ja ☐ nein ☐

7. Waren die Vorsorgeuntersuchungen ohne Befund auf eine Seh- oder Hörschwäche?
ja ☐ nein ☐

TEST 2 (FÜR SCHÜLER AB KLASSE 3): WIE SIEHT ES MIT IHREM KIND BEIM LESEN AUS?

1. Kann Ihr Kind problemlos und rasch die Buchstaben des Alphabets erfassen?
ja ☐ nein ☐

2. Kann es Lauten die entsprechenden Buchstaben sicher zuordnen?
ja ☐ nein ☐

3. Kann es ohne Schwierigkeiten Wörter in Silben zerlegen?
ja ☐ nein ☐

4. Liest es die Wörter, wie sie im Text stehen, also ohne dass Buchstaben ausgelassen, hinzugefügt oder ersetzt werden?
ja ☐ nein ☐

5. Kann es einzelne Laute voneinander unterscheiden und dann zu einem Wort zusammenziehen?
ja ☐ nein ☐

6. Liest es alle Wörter des »Grundwortschatzes« flüssig und sind auch längere lauttreue Wörter im Allgemeinen unproblematisch?
ja ☐ nein ☐

7. Liest Ihr Kind den kompletten Text, ohne Endungen oder ganze Wörter auszulassen?
ja ☐ nein ☐

8. Kann es das, was es gelesen hat, nacherzählen und daraus Schlussfolgerungen ziehen?
ja ☐ nein ☐

TEST 3 (FÜR SCHÜLER AB KLASSE 3): HAT IHR KIND BEIM SCHREIBEN PROBLEME?

1. Sind die Diktate und handschriftlichen Arbeiten Ihres Kindes gut leserlich?
ja ☐ nein ☐

2. Schreibt es Texte fehlerlos oder mit nur wenigen Fehlern ab?
ja ☐ nein ☐

3. Kann es Buchstaben, Wörter und Sätze schreiben?
ja ☐ nein ☐

4. Macht Ihr Kind bei ungeübten Diktaten oder wenn es mündlich buchstabieren soll gewöhnlich höchstens so viele Fehler, dass es zumindest für eine ausreichende Leistung reicht?
ja ☐ nein ☐

5. Schreibt es flüssig alle Wörter des »Grundwortschatzes«, und sind für Ihr Kind auch längere lauttreue Wörter im Allgemeinen unproblematisch?
ja ☐ nein ☐

6. Schreibt es bei Diktaten den kompletten Text, ohne Endungen oder ganze Wörter auszulassen?
ja ☐ nein ☐

7. Kann es Rechtschreibregeln, die der Klassenstufe entsprechen (zum Beispiel Grundregeln der Groß- und Kleinschreibung oder Ableitungen) im Allgemeinen richtig anwenden?
ja ☐ nein ☐

8. Kann Ihr Kind unbekannte Wörter, die es hört, in einzelne Laute zerlegen und entsprechend aufschreiben?
ja ☐ nein ☐

TEST 4 (FÜR SCHÜLER ALLER KLASSEN): WIE SIEHT ES ALLGEMEIN MIT DEM VERHALTEN IHRES KINDES AUS?

1. Hat sich Ihr Kind seit der Einschulung deutlich verändert: Ist es vielleicht unruhiger als vorher und kaspert sogar in der Klasse herum? Oder zieht es sich immer mehr in sich zurück und macht einen traurigen Eindruck?
ja ☐   nein ☐

2. Hat es Probleme, seine Hausaufgaben zu erledigen (möchte es keine Hausaufgaben machen, erledigt sie nur unvollständig oder braucht extrem lange – mehr als 1,5 oder gar 2 Stunden – dafür)?
ja ☐   nein ☐

3. Kommt es inzwischen häufig zu Streitereien um die Hausaufgaben?
ja ☐   nein ☐

4. Legt Ihr Kind plötzlich Ihnen und den Lehrern gegenüber ein provozierendes Verhalten an den Tag?
ja ☐   nein ☐

5. Hat Ihr Kind auf einmal körperliche Probleme (Bauch- und Kopfschmerzen, nächtliches Einnässen), besonders wenn ein Diktat vor der Tür steht, und verschwinden die Probleme wieder, sobald die Ferien beginnen?
ja ☐   nein ☐

AUSWERTUNG:

TEST 1: Wenn Sie bei zwei Fragen mit »Nein« antworten müssen, sollten Sie die weitere Entwicklung Ihres Kindes sehr sorgfältig beobachten. Stellen Sie besondere Schwierigkeiten bei den ersten Lese- und Rechtschreibschritten fest, sollten Sie durch eine qualifizierte Untersuchung feststellen lassen, ob Ihr Kind wichtige Entwicklungsschritte bei der phonologischen Bewusstheit noch nicht vollzogen hat. Müssen Sie drei oder mehr Fragen verneinen, sollten Sie die Untersuchung gleich durchführen lassen und kompetenten Rat einholen (siehe dazu Seite 57).

TEST 2: Bei Drittklässlern sollten Sie bei mehr als zwei Verneinungen, bei Viertklässlern bei mehr als einer Verneinungen kompetenten Rat einholen (siehe dazu Seite 57).

TEST 3: Bei Drittklässlern sollten Sie bei mehr als zwei Verneinungen, bei Viertklässlern bei mehr als einer Verneinungen kompetenten Rat einholen (siehe dazu Seite 57).

TEST 4: Müssen Sie bei zwei und mehr Fragen mit »Ja« antworten, sollten Sie sich an eine Beratungsstelle (zum Beispiel die Beratungslehrkraft, den Schulpsychologischen Dienst oder eine/n Kinderpsychologin/en) wenden. Wenn Kinder sich so verhalten, ist das meist keine »Ungezogenheit«, sondern Ausdruck eines inneren Konflikts, mit dem das Kind ohne Hilfe nicht fertig wird.

Wer hilft Eltern und Kindern weiter?

Wenn Sie den Verdacht haben, dass Ihr Kind an einer Lese-Rechtschreib-Störung leiden könnte, und Ihre Vermutung sich durch den vorangehenden Test (Seite 54) noch verstärkt hat, sollten Sie aktiv werden und gezielt Hilfe suchen. Denn wie gesagt, je früher gegen Lernprobleme vorgegangen werden kann, desto besser sind die Chancen der Kinder, ihre Schulzeit erfolgreich zu bestehen. Auch das Selbstwertgefühl Ihres Kindes wird sehr viel weniger leiden, je erfolgreicher seine Bemühungen sind und je geringer der Druck ist, der auf ihm lastet.

Hör- und Sehtest

Doch bevor Sie sich an die entsprechenden Fachleute wenden, sollten Sie erst noch einmal gezielt prüfen lassen, ob Ihr Kind nicht vielleicht doch Probleme beim Hören und Sehen hat, die bei den Vorsorgeuntersuchungen nicht aufgefallen sind. Ein geschulter Hals-Nasen-Ohren-Arzt (Pädaudiologe) und der Augenarzt können diese Probleme dann schon einmal ausschließen.

Die erste Anlaufstelle

Ganz wichtig ist es nun, sich einen kompetenten Ansprechpartner zu suchen, der sich mit der Vorgehensweise auskennt und bei Bedarf die entsprechenden Kontakte herstellen kann. Im Idealfall ist das der Deutschlehrer des Kindes, der sich auf entsprechenden Fortbildungsseminaren ein Basiswissen zum Thema angeeignet hat. Doch leider sind auch heute noch immer zu viele Lehrkräfte genauso wenig auf eine Lese-Rechtschreib-Schwäche vorbereitet wie die Eltern selbst.

In einigen Bundesländern gibt es inzwischen an den Schulen spezielle Beratungslehrer, die erste Anlaufstelle sein und Sie weiterverweisen können. Grundsätzlich ist auch der Schulpsychologische Dienst ein guter Ansprechpartner. Er hat den Vorteil, dass er auch die zuständigen Lehrkräfte miteinbeziehen kann. Nachteilig kann es sich auswirken, wenn er sich an bestimmte amtliche Vorgaben in der Beratung halten muss, die zum Beispiel den Hinweis auf außerschulische Förderungen untersagen. Denn es kommen als Ansprechpartner durchaus auch spezielle Beratungsstellen für Eltern und Kinder in Frage. Und auch qualifizierte Hilfsorganisationen für Kinder mit Lese-Rechtschreib-Schwierigkeiten können weiterhelfen.

Wer untersucht mein Kind?

In diesem ersten Schritt geht es erst einmal darum festzustellen, wie die Schwierigkeiten Ihres Kindes zu beurteilen sind. Diese Diagnose kann nur von einem Fachmann gestellt werden.

Das kann ein/e Psychologe/in in einer Schulpsychologischen Beratungsstelle oder Erziehungsberatungsstelle sein. Auch Fachärzte für Kinder- und Jugendpsychiatrie können die Untersuchung durchführen. Die richten sich aber nach medizinischen Kriterien, die sich nicht immer mit den Ergebnissen der psychologischen Lernforschung decken. Es gibt auch Psychologen /innen, die nach entsprechender Qualifikation als Lerntherapeut oder Lerntherapeutin tätig sind. Und schließlich können auch Kinder- und Jugendlichenpsychotherapeuten kompetente Ansprechpartner für Sie sein. In jedem Fall aber sollten die Diagnostizierenden eine einschlägige Fortbildung absolviert haben.

TIPP

KÜMMERN SIE SICH SELBST UM DIE TERMINE!

Es hat sich bewährt, sich bei den zuständigen Stellen sofort um einen Termin zu bemühen, da oftmals lange Wartezeiten bestehen. Wichtig ist, sich nicht gleich entmutigen zu lassen, selbst wenn der nächste freie Termin noch Monate auf sich warten lässt. Vielleicht klappt es bei einer Erziehungsberatungsstelle oder einer psychologischen Beratungsstelle ja schneller als beim Kinder- und Jugendlichen-Psychotherapeuten.

Was wird untersucht?

So sollte eine Untersuchung ablaufen: Zunächst wird ein Gespräch mit den Eltern geführt, bei dem die frühkindliche Entwicklung und dabei vor allem auch die Sprachentwicklung des Kindes im Mittelpunkt steht – die so genannte Anamnese. Auch die aktuelle Schulsituation wird erfragt, und ebenso wie es um die Hausaufgaben steht. Möglicherweise werden Sie gebeten, ein Gespräch mit der Lehrkraft Ihres Kindes zu gestatten. Das müssen Sie nicht erlauben, wenn Sie dadurch Nachteile für Ihr Kind befürchten. Bestehen zwischen Ihnen und der Lehrkraft Ihres Kindes Spannungen, sollten Sie das aber offenlegen. Der Untersucher kann Ihnen vielleicht dabei helfen, den Konflikt beizulegen.

Und dann gibt es verschiedene Testverfahren, die Ihr Kind durchlaufen muss. Im Mittelpunkt stehen dabei so genannte standardisierte Testverfahren, mit deren Hilfe die Lese- sowie die Rechtschreibleistungen Ihres Kindes mit denen von Kindern der gleichen Klassenstufe verglichen werden kann (Seite 61). Wird die Untersuchung qualifiziert durchgeführt, werden auch Verfahren angewendet, die Aufschluss über den Entwicklungsstand der phonologischen Bewusstheit und des Arbeitsgedächtnisses geben. Das gilt auch noch bei älteren Grundschülern oder Schülern der Sekundarstufe 1 (fünfte bis zehnte Klasse).

Meist bestehen vor allem behördliche Stellen und Psychiater darauf, auch einen Intelligenztest durchzuführen. Sie möchten mithilfe des Tests differenzieren, ob bei dem Kind tatsächlich eine »Teilleistungsstörung« vorliegt oder ob es sich um eine »allgemeine Lernschwäche« handelt. Bei Bedarf kommt vielleicht auch noch ein Test der Konzentrationsleistung oder ein Fragebogen hinzu, der die Schulangst des Kindes ermitteln soll.

Die Tests und ihre Auswertung

Alle Tests werden ausgewertet. Um einordnen zu können, wo das jeweilige Kind mit seiner Leistung im Vergleich zu anderen Schülerinnen und Schülern steht, muss der Untersuchende ein standardisiertes Testverfahren benutzen. Standardisiert bedeutet, dass diese Lese- und Rechtschreibtests zuerst repräsentativ (also in großer Zahl) und meist auch bundesweit bei Schülern mit gleichen oder ähnlichen Voraussetzungen durchgeführt wurden. Aus den Resultaten dieser Testreihen ergeben sich statistische Werte für die Fehlerverteilung, die in Tabellen geordnet werden.
Die am häufigsten benutzte Tabelle bezieht sich auf die Leistungen aller Kinder der gleichen Klassenstufe. Doch das kann problematisch sein. Denn ein Kind, das ein Schuljahr wiederholt hat, wird mit Kindern verglichen, die meist nicht sitzengeblieben sind. Deshalb gibt es aber auch Tabellen, die zum Beispiel auch das Lebensalter berücksichtigen. Bei älteren Kindern differenzieren die Tests häufig nicht nur nach Klassenstufen, sondern auch nach Schularten. Es gibt meist auch Tabellen getrennt für Jungen und für Mädchen, weil sich deren Leistungen in der Rechtschreibung signifikant voneinander unterscheiden. Und nicht selten berücksichtigen die Tests unterschiedliche Voraussetzungen – etwa ob Deutsch die Muttersprache ist oder nicht.

Wichtig in allen Testsituationen: die spielerische, entspannte Atmosphäre.

So läuft die Einordnung

Der vom Kind erzielte Wert wird nun mithilfe einer Tabelle in einen »Prozentrang« übersetzt. Macht Ihr Kind in einem Rechtschreibtest 18 Fehler und erreicht damit einen Prozentrang von 20, so bedeutet das, dass nach der statistischen Erwartung 19 von 100 Kindern der Vergleichsgruppe ein schlechteres und 80 von 100 Kindern ein besseres Ergebnis erzielen würden. Das Ergebnis Ihres Kindes wäre damit eher schwach einzuordnen.

INFO

MIT DEN KLASSENKAMERADEN VERGLEICHEN?

Wird mit einem Kind der zweiten Klasse ein standardisierter Rechtschreibtest durchgeführt, kann in einer entsprechenden Tabelle abgelesen werden, wie sein Ergebnis im Verhältnis zu einer repräsentativen Gruppe von Kindern seiner Klassenstufe einzuordnen ist. Würde man den Wert mit dem Durchschnittwert seiner direkten Klassenkameraden vergleichen, käme man wahrscheinlich zu einem anderen Ergebnis. Die Lese- und Rechtschreibleistungen sind von Klasse zu Klasse und von Schule zu Schule nämlich sehr unterschiedlich.

Das sollte Sie interessieren

Haben Sie also das Ergebnis eines Rechtschreibtests Ihres Kindes bekommen, wird es für Sie wichtig sein zu erfahren, nach welchen Kriterien die Bewertung vonstatten ging. Denn wenn Sie für Ihr Kind eine besondere Förderung durch Schule oder Jugendamt erreichen möchten, wird die zuständige Behörde die »Förderbedürftigkeit« vor allem von den Testergebnissen abhängig machen. Also sollten Sie wissen, von welchen Daten gegebenenfalls eine Entscheidung abhängig gemacht worden ist. Möglicherweise möchten Sie ja Einspruch gegen die behördliche Entscheidung einlegen oder sich bei einer anderen Stelle noch einmal beraten lassen.

Aufs Timing achten!

»Wann sollte ein Test durchgeführt werden?«, fragen viele Eltern. Am besten in den Vormittagsstunden, lautet die Antwort. Falls Sie nicht sowieso morgens einen Termin bekommen, sollten Sie sich darum bemühen. Denn wenn Ihr Kind schon die Anforderungen des Schultages – möglicherweise mit diversen Stress-Situationen – hinter sich gebracht hat, ist seine Leistungsbereitschaft und -fähigkeit eher herabgesetzt. Besser ist es, wenn es frisch in die Testsituation hineingeht.

Beruhigend einwirken

Manche Kinder sind vor den Tests sehr
aufgeregt, denn sie wissen nicht, was auf
sie zukommt. Hier können Sie beruhi-
gend wirken, indem Sie Ihr Kind darüber
informieren, dass es einige Wörter schreiben und etwas lesen soll und wahrscheinlich auch ein paar Denkaufgaben lösen
oder Fragen beantworten muss. Vor dem
Test werde ihm jedoch ganz ausführlich
erklärt, was es jeweils tun soll. Wenn es
etwas nicht verstanden haben sollte,
könne es ruhig nachfragen. Geben Sie
Ihrem Kind das Gefühl, dass keine »Leistung« von ihm erwartet wird. Je unbefan-
gener es an die Aufgaben herangehen
kann, desto authentischer wird auch das
Ergebnis ausfallen.

Nicht alle Aufgaben sind lösbar

Erklären Sie Ihrem Kind im Vorfeld des
Tests, dass ganz bestimmt auch Aufgaben
dabei sein werden, die es noch nicht so
gut lösen kann.
Jeder Test – egal ob Lese-, Rechtschreib-
oder Intelligenztest – wird in Teilen die
Fähigkeiten des Kindes übersteigen.
Das gehört einfach dazu. Jeder Test fordert vom Kind auch die Auseinanderset-
zung mit Aufgaben, die ihm eigentlich
noch gar nicht entsprechen. Ohne diese
obere Grenze ließen sich die Leistungsmöglichkeiten gar nicht erfassen.

> Geben Sie Ihrem Kind die Ruhe und
Sicherheit, die es für den Test braucht.

Standardisierte Tests

Um hinter Ursachen und Erscheinungsbild
von Lese- und Rechtschreibschwierigkeiten zu kommen, sind in der psychologischen Forschung zahlreiche Untersu-
chungsverfahren entwickelt worden. Es
handelt sich dabei um standardisierte
Tests, die eine gute Einschätzung der Fähigkeiten Ihres Kindes ermöglichen. Die
wesentlichsten sind
> Tests zur phonologischen Bewusstheit,
> Lesetests sowie
> Rechtschreibtests.
Hinzu kommt normalerweise ein Intelligenztest (weitere Infos dazu auf Seite 65).
Es gibt eine Vielzahl unterschiedlicher Testverfahren, deshalb möchten wir Ihnen
hier einen kleinen Überblick verschaffen.

Tests zur phonologischen Bewusstheit

Um die Vorläuferfertigkeiten für das Lesen- und Schreibenlernen zu untersuchen, gibt es das »Bielefelder Screening zur Früherkennung von Lese-Rechtschreib-Schwierigkeiten«. Es wird heute normalerweise schon im Kindergarten durchgeführt. Bei Auffälligkeiten können Fördermaßnahmen dann rasch einsetzen. Im ersten Grundschuljahr ist es nur noch bedingt anwendbar. Für Schulanfänger gibt es den »Rundgang durch Hörhausen«, für die gesamte Grundschulzeit ist der BAKO gültig. Die Abkürzung steht für »Basiskompetenzen für Lese-Rechtschreib-Leistungen«.

Der Lesetest

Wenn Ihr Kind die Grundschule besucht und sich einem Lesetest unterzieht, dann sollte es sich auch bei diesem Test um ein standardisiertes Verfahren und nicht um eine einfache Leseprobe (siehe Seite 61) handeln. Sonst ist die Leseleistung Ihres Kindes nicht vergleichbar und schlecht einzuschätzen. Leider wurde die Leseleistung in den letzten Jahren oft nicht genügend berücksichtigt. Lesetests sind weniger bekannt und oft auch schwieriger durchzuführen und auszuwerten. Dabei ist es gerade die Lesefertigkeit, die einen maßgeblichen Einfluss auf den Lernerfolg in der Schule hat. Vereinfacht ausgedrückt: Lesen zu können ist für den Wissenserwerb viel wichtiger als schreiben zu können. Alles, was man nicht weiß, kann man in Büchern oder im Internet nachlesen – wenn man lesen kann. Beim Schreiben kann man ohnehin nur das zu Papier bringen, was man schon weiß.

Wie sieht ein Lesetest aus?

Das Ziel von Lesetests ist es, herauszufinden, wie es um Lesetempo und Lesegenauigkeit eines Kindes bestellt ist. Das geschieht im Allgemeinen in Einzeltests, bei denen das Kind bestimmte Wörter und Texte vorlesen muss. Es gibt aber auch aussagekräftige Gruppentests. In ihnen lesen die Kinder leise für sich und beantworten dann Fragestellungen auf einem Antwortbogen. Hier eine Auswahl der gängigsten Tests, die sich mit dem Thema beschäftigen:

> **Zürcher Lesetest:** Er ist ein bekanntes und auch in Deutschland gebräuchliches Verfahren, das allerdings nur in der Schweiz standardisiert wurde. Er kann in den Klassen zwei bis sechs angewendet werden und gibt Aufschluss über Leseflüssigkeit, Lesegenauigkeit und das Leseverhalten.

> **Salzburger Lesetest (SLRT, Teil des Salzburger Lese- und Rechtschreibtests):** Er liefert eine differenzierte Diagnose, wurde allerdings nur in Österreich

geeicht. Er gestattet Hinweise auf Defizite bei der automatisierten, direkten Erkennung von Wörtern sowie Schwächen beim synthetischen, lautierenden Lesen. Der Salzburger Lesetest kann vom Ende der ersten bis zur vierten Klasse durchgeführt werden.

> **Knuspels Leseaufgaben (KNUSPEL-L):** Dabei handelt es sich um einen interessanten Gruppen- und Einzeltest, der vor allem auch das »Leseverstehen« einbezieht, also berücksichtigt, wie viele Inhalte des gelesenen Textes vom Kind dann auch verstanden wurden. Kann vom Ende der ersten bis zur vierten Klasse durchgeführt werden.

Der Rechtschreibtest

Es gibt eine ganze Reihe von Rechtschreibtests, die für Grundschulkinder in Frage kommen. Zum besseren Überblick bieten wir Ihnen hier eine Auswahl der bei uns wichtigsten und geläufigsten Tests:

> Die »**Diagnostischen Rechtschreibtests (DRT)**« gibt es für die Klassenstufen 1 bis 5. Durch ihre besondere Auswertungsweise – in jedem Wort können mehrere Fehler berücksichtigt werden – sollen sie spezifische Fehlerschwerpunkte erkennbar machen, die dann gezielt angegangen werden können.

> **Salzburger Lese- und Rechtschreibtest:** Er unterscheidet vor allem zwischen lauttreuer und nicht lauttreuer Schreib-

weise (Seite 64). Der Test eignet sich besonders dafür, den beeinträchtigten Lese- und Rechtschreibprozess in der Grundschule festzustellen. Damit liefert er Ansatzpunkte dafür, an welcher Stelle die Förderung einsetzen sollte.

> **Screening für Schul- und Bildungsberatung:** Dieser Test gibt Hinweise auf Rechtschreibleistungen bei Schulkindern vom 1. bis zum 10. Schuljahr und ermöglicht durch zusätzliche Denkaufgaben vom 4. Schuljahr an eine grobe Einschätzung der intellektuellen Leistungsmöglichkeiten der Kinder.

> **Hamburger Schreibprobe:** Ist als Gruppen- und Einzeltest angelegt für die Klassen 1 bis 9 aller Schulformen.

> Der Rechtschreibtest zeigt recht genau, wo Ihr Kind momentan steht.

Was bringen Lese- und Rechtschreibtests meinem Kind?

Standardisierte Testverfahren ermöglichen eine Einschätzung der Lese-Rechtschreib-Fähigkeiten eines Kindes bezogen auf seine Klassenstufe oder sein Alter. Darüber hinaus können mithilfe der Tests auch einige qualitative Aussagen getroffen werden, da sie die Zuordnung von Fehlern zu einigen Rechtschreibregeln ermöglichen. Dadurch lassen sich mitunter konkrete Fördermaßnahmen für ein individuelles, spezifisches Rechtschreibtraining ableiten. Legastheniker allerdings, die die richtige Schreibweise noch nicht abgespeichert haben, verstoßen meist gegen alle Rechtschreibregeln und -vorschriften, auch wenn sie die Lautanalyse schon beherrschen.

LAUTSCHRIFT IST NICHT GLEICH RECHTSCHRIFT

INFO

Machen Sie einen Versuch: Lesen Sie einmal das folgende Wort genau so, wie es auf dem Papier steht: »schbrinkd«. Sind Sie jetzt verblüfft, dass es sich genauso anhört wie das richtig geschriebene »springt«? Doch genau das erklärt, warum die Lautanalyse oft zum falschen Ergebnis führt.

Ein erster Schritt zur Förderung

Um zu bestimmen, wo die Förderung bei einem LRS-Kind ansetzen muss, ist vor allem die Feststellung wichtig, ob seine Schreibweise zwar falsch, aber lauttreu (»schbringd«) oder ob sie noch nicht lauttreu ist (etwa »spigt«). Kommen mehrere nicht lauttreue Schreibweisen vor, müssen zuerst einmal diese abgebaut werden. Übrigens: Punktgenau lässt sich die Rechtschreibleistung eines Kindes auch durch den besten Test nicht ermitteln. So wird bei einem Kind mit erheblichen Rechtschreibschwierigkeiten ein und derselbe Test nie genau gleiche Ergebnisse bringen, selbst wenn er unmittelbar hintereinander durchgeführt wird. Auch wenn Sie die Diktate Ihres Kindes durchsehen, werden Sie feststellen, dass es mitunter das gleiche Wort unterschiedlich schreibt, vielleicht einmal richtig und einmal falsch, vielleicht aber auch zweimal falsch, dafür aber jedes Mal anders. Das ist für Legastheniker normal und nur sehr selten ein Zeichen für Konzentrationsmangel (siehe dazu auch Seite 19).

Der Intelligenztest

Ob und wann es notwendig ist, einen Intelligenztest mit einem lese- und rechtschreibschwachen Kind durchzuführen, ist sehr umstritten. Für Fördermaßnahmen braucht man ihn nicht unbedingt.

Besonders jüngere Kinder profitieren von gezielten Maßnahmen bei der Stärkung der phonologischen Bewusstheit und bei Lese- und Rechtschreibschwierigkeiten auch dann, wenn ihre intellektuellen Leistungsmöglichkeiten (noch) nicht altersgemäß entwickelt sind. Sie machen häufig auch keine geringeren Lernfortschritte auf diesem Gebiet als Kinder mit einem höheren Intelligenzquotienten.

Eine »Hürde« zur außerschulischen Förderung?

Aber vielleicht suchen Sie für Ihr Kind Hilfe von einer Behörde – das Jugendamt übernimmt ja in bestimmten Fällen die Kosten für eine außerschulische Förderung nach dem Kinder- und Jugendhilfe-Gesetz (siehe auch Seite 79). In diesem Fall wird neben einem Rechtschreibtest, dessen Ergebnisse einen Prozentrang von 15 nicht überschreiten dürfen, ein Intelligenztest gefordert. Denn wenn das betroffene Kind Fördermittel erhalten soll, muss es »eine zumindest durchschnittliche Intelligenz« aufweisen. Die liegt nach den Leitlinien der Behörden vor, wenn es einen so genannten »Intelligenzquotienten«, also einen »IQ« von mindestens 85, in anderen Fällen von mindestens 90 aufweist. Sonst sei nämlich eine »allgemeine Lernschwäche« anzunehmen, und die ließe eine besondere Förderung in diesem Bereich nicht zu.

Intelligenztests – das sollten Sie wissen

Gerade über Intelligenztests herrschen oft falsche Vorstellungen. Wer eine Legasthenie »amtlich« festgestellt haben möchte oder zur Bewilligung einer außerschulischen Förderung einen Intelligenztest vorweisen muss, sollte entsprechendes Basiswissen zum Thema erwerben. Information ist daher wichtig. Denn nur wer versteht, worum es dabei geht, wie solche Tests durchgeführt werden und was die Ergebnisse tatsächlich aussagen, kann damit entsprechend umgehen.

Intelligenz – was ist das eigentlich?

Zunächst einmal die schlechte Nachricht: Was Intelligenz eigentlich ist, wissen wir nicht so genau. Eine von allen anerkannte, genaue Definition des Intelligenzbegriffs ist noch nicht gefunden – und daran wird sich auch so bald nichts ändern. Wahrscheinlich setzt sich Intelligenz aus einer Gruppe von Fähigkeiten zusammen, die es uns erlaubt, Beziehungen zwischen ganz unterschiedlichen Vorgängen und Dingen zu begreifen und selbst herzustellen. Durch diese Fähigkeiten können wir auch neuartige Situationen erfassen und gezielt Probleme lösen. Wenn wir uns zum Beispiel verlaufen haben und systematisch Aktivitäten entwickeln, die uns dann wieder auf den richtigen Weg bringen, oder wenn wir ein Kreuzworträtsel lösen, handeln wir intelligent. Um festzustellen, wie gut man das kann, werden in einem Intelligenztest Kinder wie Erwachsene vor Aufgaben gestellt, die für sie neu sind und für die sie Lösungswege finden sollen. Deshalb definiert der amerikanische Intelligenzforscher Alan Kaufman Intelligenz auch als »die Art und Weise, in der ein Individuum Probleme löst und

Informationen verarbeitet«. Bei Intelligenz handelt es sich im weitesten Sinn also um eine »Problemlösungskompetenz«.

Ein komplexes Modell trifft's am besten

Diese Definition lässt ein Intelligenzmodell zu, das von bestimmten Intelligenzfaktoren ausgeht. Das sind zum Beispiel sprachliches Verständnis, mathematisch-logisches Verständnis, Raum- und Formvorstellung, schlussfolgerndes Denken oder soziales Verständnis. Und es lässt zu, dass Probleme auch auf unterschiedliche Weise und mit unterschiedlichen Denkstrategien gelöst werden können. Daraus folgt wiederum, dass Menschen ganz unterschiedliche Schwerpunkte in ihrer »Intelligenz« haben können. Manch einer kann mit sprachlichen Problemen nicht so gut umgehen, zeigt aber hervorragende Fähigkeiten, wenn es um technische oder mathematische Angelegenheiten geht. Bei einem anderen ist das umgekehrt, und er hat außerdem noch hohe musikalische Fähigkeiten. Deshalb muss keiner von beiden »intelligenter« sein als der andere.

Was bedeutet das für Kinder?

Will man nun die Stärken oder auch die Schwächen eines Kindes herausfinden, muss man also einen Test anwenden, der Aufgaben aus möglichst vielen wichtigen

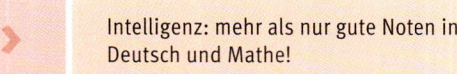

> Intelligenz: mehr als nur gute Noten in Deutsch und Mathe!

Intelligenzbereichen enthält. Denn aus einer einzelnen Schwäche oder einer einzelnen Stärke kann man noch keine sicheren Schlüsse auf seine gesamten intellektuellen Fähigkeiten ziehen. Eine Aussage wie »Wer die Rechtschreibung nicht beherrscht, ist dumm« ist also schlichtweg Quatsch. Vielleicht hat jemand nur in bestimmten sprachlichen Bereichen Schwierigkeiten und bringt sonst auf allen anderen Gebieten altersgemäße oder gar bessere Leistungen zustande. Dann ist er insgesamt trotzdem »durchschnittlich oder überdurchschnittlich intelligent«, auch wenn er viele Rechtschreibfehler macht.

Ein Intelligenztest soll also feststellen, welche intellektuellen Leistungen Ihr Kind vollbringen kann. Für manche Fragen, zum Beispiel für die Schuleignung oder wenn es um die Entscheidung für eine weiterführende Schule geht, kann er ein sehr sinnvolles Instrument sein. Aber da gibt es Bedingungen:

❯ Der Test muss für die Beantwortung der entsprechenden Frage auch geeignet sein. Wenn ich zum Beispiel über die sprachlichen Fähigkeiten eines Menschen eine Aussage brauche, kann ich keinen Test anwenden, der gerade diesen Teil in seinen Aufgaben nicht enthält.

❯ Die Person, die den Test anwenden und auswerten will, muss eine entsprechende psychologische Ausbildung und ausreichend Erfahrung in psychologischer Diagnostik haben.

Den richtigen Intelligenztest muss man erst einmal finden

Wenn zur Beantwortung der Frage, ob ein Kind tatsächlich eine »umschriebene Lese- und Rechtschreibstörung« oder »besondere« Schwierigkeiten beim Lesen- und Schreibenlernen hat, von den Behörden ein Intelligenztest vorgeschrieben wird, muss man den richtigen Test finden. Schließlich soll der Test diese Fragestellung so sicher wie möglich beantworten. Und die Auswahl ist groß …

Im deutschen Sprachraum gibt es rund 70 verschiedene Intelligenztests, davon rund 40 speziell für Kinder und Jugendliche. Die Tests haben alle eines gemeinsam: Die zu untersuchende Person muss verschiedene Aufgaben lösen, die mündlich oder schriftlich vorgegeben werden. Die Aufgaben steigen in ihrer Schwierigkeit meist an. In der Regel ist die Zeit genau festgelegt, die für die Lösung einer Aufgabe zur Verfügung steht.

Wenn die »Intelligenz« Ihres Kindes wegen seiner Lese- und Rechtschreibschwierigkeiten »getestet« werden soll, wird es solche Aufgaben wahrscheinlich als »Einzeltest« lösen. Das heißt, dass Ihr Kind dem Testleiter allein gegenübersitzt. Die meisten Testverfahren für Kinder und Jugendliche sind solche Einzeltests.

Es gibt aber auch Verfahren, bei denen mehrere Kinder gleichzeitig die Aufgaben lösen müssen. Früher haben Lehrkräfte mitunter ganze Klassen auf diese Weise ge-testet, um etwas über die Intelligenz ihrer Schüler zu erfahren. Das ist heute nicht mehr zulässig, denn dabei handelt es sich um ein höchst fragwürdiges Verfahren, gegen das sich Eltern erfolgreich zur Wehr gesetzt haben. Fast alle Intelligenztests bieten die Möglichkeit, dem jeweiligen Test-ergebnis einen »Intelligenzquotienten« zu-zuordnen. Und der wird fälschlicherweise oft als feststehendes Maß der Intelligenz eines untersuchten Kindes interpretiert.

Wie wird ein IQ berechnet?

Ein IQ ergibt sich, wenn man die Leis-tung eines einzelnen Kindes mit den Durchschnittswerten gleichaltriger Kin-

FALLBEISPIEL

WIE INTELLIGENT IST TIMO (9 JAHRE) WIRKLICH?

Frau Schreiber ist verzweifelt: Ihr Sohn Timo besucht zum zweiten Mal die dritte Klas-se, und er kommt jetzt eigentlich auch gut mit. Bloß mit dem Lesen und Schreiben hat er nach wie vor große Schwierigkeiten. Nach Auskunft der Lehrerin arbeite er im Deutschunterricht kaum mit und sei abgelenkt. Er müsse sich mehr anstrengen und mehr üben. Eine Legasthenie habe er nicht, denn er mache nicht »die typischen Feh-ler«. Die Schule könne auch keine besonderen Fördermaßnahmen anbieten, weil nicht genügend Lehrkräfte zur Verfügung stünden.

ZWEI TESTS – ZWEI ERGEBNISSE
Nun hat Frau Schreiber erfahren, dass eine private Förderung möglich sei. Diese kos-tet aber etwa 30 Euro pro Stunde, und die kann sie als Alleinerziehende nicht aufbrin-gen. Hier könnte, hat ihr der Kinderarzt geraten, aber eine Finanzierung nach dem Ju-gendhilfegesetz möglich sein. Vom Jugendamt erfährt sie, dass solche Hilfen nur gegeben würden, wenn eine »umschriebene Lese- und Rechtschreib-Störung« vorlä-ge, und dies müsse durch eine Untersuchung durch einen Kinder- und Jugendpsychia-ter bestätigt werden. Frau Schreiber lässt Timo von diesem untersuchen und erfährt, dass seine Testergebnisse lediglich auf eine Lese-Rechtschreib-Schwäche im Rahmen einer allgemeinen Lernschwäche hinweisen. Sein Intelligenzquotient sei mit 84 »schon im unterdurchschnittlichen Bereich angesiedelt«. Als diese Aussage von einer Kinderpsychologin in einer Beratungsstelle nochmals überprüft wird, ergibt sich bei einem erneuten Test ein Intelligenzquotient von 98, der ziemlich genau dem durch-schnittlichen Wert entspricht.

der in Beziehung setzt. Wir nehmen einmal an, in einem Test seien 45 Aufgaben zu lösen. Zehnjährige bearbeiten nach der statistischen Erwartung durchschnittlich 35 Aufgaben davon richtig. Dann ist in diesem Fall der Wert »35 richtige Lösungen« der Durchschnitt für diese Altersgruppe. Daraus kann man folgern, dass etwa 50 Prozent der Kinder dieser Altersgruppe das gleiche oder ein schlechteres Ergebnis erreichen würden, aber auch 50 Prozent das gleiche oder ein besseres. Diesem durchschnittlichen Prozentrang 50 wird immer der Intelligenzquotient 100 zugeordnet. IQ 100 ist also der »normale« Durchschnittswert. Nun lässt sich natürlich auch jedem anderen Testwert ein bestimmter Prozentrang und ein entsprechender IQ zuordnen.

Für die Bewertung des Ergebnisses gilt die Regel, dass jedes Ergebnis, das zwischen dem Prozentrang 25 (IQ 90) und Prozentrang 75 (IQ 110) liegt, sich im durchschnittlichen Bereich befindet. Erst unter 90 ist »unterdurchschnittlich«, über 110 ist »überdurchschnittlich«.

Übertragen auf das Beispiel links, lässt sich Timos IQ von 84 auch anders ausdrücken: In dem Test, den er beim Psychiater gemacht hat, hat er ein Ergebnis erreicht, das auf dem Prozentrang 14 liegt. Also würden 86 von 100 gleichaltrigen Kindern nach der statistischen Wahrscheinlichkeit in diesem Verfahren ein gleichwertiges oder besseres Ergebnis

erreichen. Das klingt nicht besonders gut. Aber bei dem anderen Intelligenztest erreicht er fast genau den Durchschnittswert.

Welcher Wert ist gültig?

Vielleicht sind beide Werte gültig, vielleicht auch nicht. Zunächst muss man wissen, welcher Test überhaupt durchgeführt wurde und von wem. Timos Mutter erklärt später, Timo habe vor dem Test beim Psychiater schlecht geschlafen. Er habe Angst gehabt und morgens über Bauchschmerzen und Unwohlsein geklagt. Am liebsten wäre er im Bett geblieben. Und Timo erzählt, dass die Frau beim Testen immer so ernst geguckt habe. Da habe er Angst gehabt, etwas falsch zu machen, und deshalb habe er lieber gar nichts gemacht. Nun hat der Psychiater den Test ja nicht selbst durchgeführt, sondern die Frau, die nach Timos Meinung so ernst geguckt hat. Wenn der Psychiater in diesem Fall die Testwerte allein nach den statistischen Ergebnissen der Auswertung deutet (die ihm ja nur übermittelt wurden), fehlen ihm ganz wichtige Informationen: die Verhaltensbeobachtungen. Gerade bei einem Kind ist es aber wichtig zu beobachten, wie es sich beim Lösen der Aufgaben verhält. Nicht das Ergebnis allein ist das Entscheidende; ebenso bedeutend ist der Weg, auf dem das Ergebnis zustande gekommen ist. Das erfährt ein geübter Diagnostiker durch genaue Verhaltensbeobachtung und indem er später beim Kind genau nachfragt. Vielleicht war Timo voller Angst und Abwehr und hat immer gedacht: »Bloß weg hier.« Dann könnte sein Testergebnis durchaus auch schlechter ausfallen, als wenn er sich wohl gefühlt und Spaß an der Sache gehabt hätte.

Hier ist kritisches Hinterfragen angebracht

Leider kommt es aber immer wieder vor, dass ein niedriger IQ nach einem Intelligenztest unkritisch in Stellungnahmen und sogar in Gutachten als Ausdruck »unterdurchschnittlicher Intelligenz« gewertet wird. Die Diagnose kann zwar stimmen, muss aber nicht. Das niedrige Testergebnis zeigt eine Möglichkeit auf, die bei einem hohen Ergebnis ausgeschlossen werden kann. Ob diese Möglichkeit zutrifft, muss aber erst einmal überprüft werden, weil eben ganz unterschiedliche Störfaktoren das Ergebnis beeinflusst haben können. Eltern sollten sich für eine solche Überprüfung eine neutrale Stelle suchen, dort alle Unterlagen vorlegen und das Ziel der Untersuchung deutlich machen. Das kann eine Beratungsstelle mit psychologisch ausgebildeten Mitarbeitern sein oder auch ein niedergelassener Kinderpsychologe. Es wird zwar nicht immer ganz leicht sein, eine geeignete Stelle zu finden. Doch Sie sollten es auf jeden Fall versuchen – wie der Fall Timo zeigt: Die Psychologin hat bei ihm ein höheres, durchaus altersgemäßes Gesamtergebnis erhalten und kann nun ihr Ergebnis mit der Vordiagnose vergleichen, neue Schlussfolgerungen ziehen und das Ersterergebnis relativieren.

Auch Intelligenz entwickelt sich

Vor allem im Kindesalter ist ein IQ keineswegs konstant. Kinder sind in der Entwicklung, ihre Intelligenz ist es auch. Ein schwaches Ergebnis zu einem bestimm-

INFO

KEINE SCHNELLEN SCHLUSSFOLGERUNGEN

Es gibt eine Faustregel, die sagt: Ein hoher IQ als Testergebnis deutet relativ sicher auf gute intellektuelle Fähigkeiten hin; doch nicht jeder niedrige IQ auf schwache Fähigkeiten. Denn ein Ergebnis kann stark beeinträchtigt werden, wenn ein Kind sich nicht wohl fühlt, keine Lust hat oder aus irgendwelchen anderen Gründen auf Abwehr schaltet. Ein schwaches Ergebnis sagt also noch nichts über sein Zustandekommen aus. Solange darüber keine Informationen vorliegen, darf man auch noch keine sicheren Schlussfolgerungen daraus ziehen.

ten Zeitpunkt bedeutet daher nicht zwingend, dass der Test ein Jahr später mit Sicherheit genauso ausfallen würde. Das gilt gerade auch für verunsicherte Kinder mit Lernproblemen. Selbst wenn das Ergebnis »unterdurchschnittlich« oder »überdurchschnittlich« glaubwürdig ist, gilt es streng genommen nur für den Zeitpunkt, zu dem es erhoben wurde – und für die Intelligenzfaktoren, die mit dem Verfahren »gemessen« wurden.

Förderung – hilfreich für alle

Die Legasthenieforschung hat inzwischen gezeigt, dass von modernen Förderkonzepten für lese- und rechtschreibschwache Kinder auch weniger begabte Kinder durchaus profitieren können. Deshalb darf die Förderung nicht allein von starren statistischen Werten eines Intelligenztests abhängig gemacht werden. Andererseits ist klar: Kinder mit geistiger Behinderung haben fast immer auch Schwierigkeiten beim Lesen und Schreiben, können aber wegen ihrer allgemeinen Lernschwierigkeiten nicht als Legastheniker gelten.

Also besser keine Intelligenztests?

So kann man es auch nicht sagen. Ein geeigneter Intelligenztest kann vor allem dann wichtig sein, wenn man die Frage beantworten will, welche Stärken ein lese-

rechtschreib-schwaches Kind hat. Es hat ja wenig Sinn, immer wieder übermäßig viel Energie in den Abbau von Rechtschreibfehlern zu stecken und dabei die Stärken eines Kindes nicht zu fördern. Geben Sie Ihrem Kind auf diesem Weg Selbstvertrauen in seine Leistungsmöglichkeiten. Denn genau das ist für seinen weiteren Erfolg im Leben entscheidend: Gesundes Vertrauen in die eigenen Fähigkeiten und Talente.

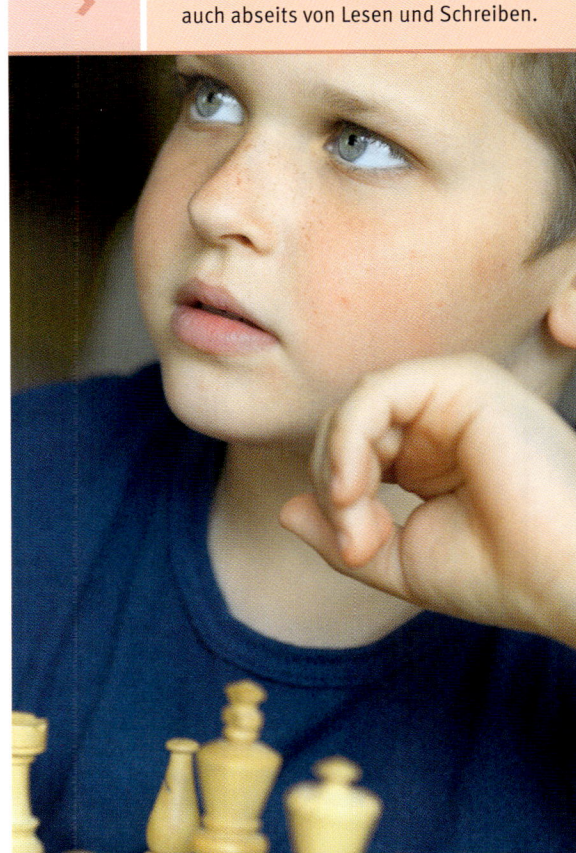

Fördern Sie die Stärken Ihres Kindes – auch abseits von Lesen und Schreiben.

Konkrete Hilfen für LRS-Kinder

Alle Kinder mit ausgeprägten Lese- und Rechtschreibschwierigkeiten haben einen gesetzlichen Anspruch auf Hilfe, und zwar durch die Schule oder durch das Jugendamt. Erfahren Sie in diesem Kapitel außerdem, wie Ihre Ansprüche auf Kostenübernahme durch das Jugendamt aussehen und wie Sie sich optimal auf den Antrag vorbereiten.

Institutionelle Hilfen: Schule, Jugendamt, private Anbieter

Alle Kinder mit ausgeprägten Lese-
und Rechtschreibschwierigkeiten haben
einen gesetzlichen Anspruch auf Hilfe,
und zwar durch die Schule oder durch
das Jugendamt. In vielen Fällen ist eine
Kostenübernahme durch das Jugendamt
für außerschulische Fördermaßnahmen
möglich. Dazu müssen jedoch verschiedene Voraussetzungen erfüllt sein. Erfahren Sie hier, wie Schule und Behörden Ihrem Kind helfen können und wie Ihre
Ansprüche auf eine Übernahme der Kosten privater Fördermaßnahmen aussehen.

So reagiert die Schule

In allen deutschen Schulen gelten bis hin
zur zehnten Klasse die »Grundsätze zur
Förderung von Schülerinnen und Schülern mit besonderen Schwierigkeiten
beim Lesen, Schreiben und Rechtschreiben«, welche die Kultusministerkonferenz
am 4. Dezember 2003 beschlossen hat.
Dieser Beschluss ist Grundlage für die in
den einzelnen Bundesländern geltenden,
eigenständigen Regelungen, die zu diesem Thema in Form von Erlassen, Ver-

ordnungen und Richtlinien herausgegeben wurden.

Der Schule kommen laut Kultusminister-Beschluss zentrale Aufgaben zu, wenn es darum geht, Lernschwierigkeiten zu erkennen, die betroffenen Schülerinnen und Schüler zu fördern und begleitend die Eltern zu beraten. In den meisten Erlassen wird deshalb festgelegt, dass ...

> ... die Vermittlung des Schriftspracherwerbs, kurz gesagt das Lesen- und Schreibenlernen, vorrangige Aufgabe der Schule ist.

> ... Kinder »mit besonderen Schwierigkeiten im Lesen, Schreiben und Rechtschreiben« (so lautet für die Schulen in den meisten Ländern der einheitliche Begriff) Anspruch auf besondere Fördermaßnahmen haben.

> ... für die betroffenen Kinder in den verschiedenen Klassenstufen bestimmte Fördermaßnahmen durchgeführt werden müssen.

> ... bei der Förderung die »Lernausgangslage« der Kinder berücksichtigt werden muss. Das heißt im Klartext: Die betroffenen Schülerinnen und Schüler sollen in der Förderung nicht einfach den Lernstoff ihrer Jahrgangsstufe wiederholen, sondern die Förderung soll da beginnen, wo das betroffene Kind die Anforderungen noch erfüllen kann.

> ... Kindern mit diesen besonderen Schwierigkeiten ein »Nachteilsausgleich«

gewährt werden soll. Der kann zum Beispiel darin bestehen, dass Diktate nicht benotet werden oder die mündlichen Leistungen höher bewertet werden als die schriftlichen. Oder dass Rechtschreibfehler bei Facharbeiten keinen Einfluss auf die Zensuren haben dürfen. In einigen Ländern dürfen Schwierigkeiten beim Schreiben- und Lesenlernen bei »sonstiger Eignung« nicht ausschlaggebend sein für die Wahl der weiterführenden Schule.

WIE SIEHT ES BEI IHNEN AUS?

Obwohl von der Kultusministerkonferenz angestrebt wurde, bundesweit eine einheitliche Regelung zu schaffen, handhaben die einzelnen Länder die Ansprüche hinsichtlich der Diagnostik und der Förderung unterschiedlich. Das heißt für Sie: Je nachdem wo Sie wohnen, kann Ihr Kind mehr oder weniger gefördert werden. Wenn Sie die rechtliche Lage in Ihrem Bundesland kennen, können Sie konkret darangehen, Ihren Anspruch bei der Schule anzumelden, und versuchen, diesen einzufordern. Einen Rechtsanspruch auf bestimmte, regelmäßige Förderleistungen haben Sie damit allerdings nicht.

TIPP

Wunsch und Realität

Neben den bereits genannten Punkten wird in den vielen Beschlüssen auch die Zusammenarbeit zwischen Schule und Eltern, deren Rechte auf Information und Akteneinsicht sowie Maßnahmen zur Lehrerfortbildung geregelt. Wer sich informieren möchte, wie die Sachlage in seinem Bundesland ist, der erhält beim zuständigen Schulamt, beim Bundesverband Legasthenie und Dyskalkulie oder auch im Internet eine ausführliche Zusammenfassung (siehe Adressen, die weiterhelfen Seite 122).

Doch so ideal die Hilfen und Lösungswege in den meisten Erlassen klingen, so ernüchternd ist die Realität, die den Eltern in der Schule begegnet: Viele der darin vorgesehenen Maßnahmen lassen sich erst gar nicht in die Praxis umsetzen, weil die Eltern in den Schulen vor Ort völlig andere Verhältnisse vorfinden, als diese anscheinend von den Kultusbehörden vorausgesetzt werden.

So kann die Schule helfen

Was die konkreten Hilfen in den Schulen angeht, hat die Förderung der betroffenen Kinder hohe Priorität. Sie ist – entsprechend dem Kultusministererlass – sogar eine der zentralen Aufgaben der Schule, die jedoch auf ganz unterschiedliche Weise umgesetzt wird.

Die in den Erlassen verfügte Förderung der LRS-Kinder kann auf verschiedene Arten umgesetzt werden:

> Bei der so genannten Binnendifferenzierung sollen die Kinder innerhalb ihres Klassenverbandes gefördert werden. Während zum Beispiel die Kinder, deren Leistungen dem Klassendurchschnitt entsprechen, sich mit Gruppenarbeiten beschäftigen, sollen die Kinder mit Lese-Rechtschreib-Schwierigkeiten unter Anleitung der Lehrkraft andere Aufgaben erledigen, die ihrem individuellen Leistungsstand entsprechen.

> Die Alternative dazu ist die Einrichtung von speziellen Fördergruppen zusätzlich zum normalen Unterricht. Dabei sieht der Idealfall so aus, dass alle lese-rechtschreib-schwachen Kinder in einer Gruppe von maximal fünf bis sechs Kindern zusammengefasst werden. Diese Gruppe trifft sich zusätzlich zum normalen Unterricht ein- bis zweimal wöchentlich. Die Kinder werden dabei so gefördert, wie es dem Leistungsstand der Gruppe entspricht. Die Gruppen können morgens vor dem Unterricht oder auch nach dem Unterricht zusammenkommen. Mitunter treffen sie sich aber auch während der Schulzeit; die Kinder bleiben dann während dieser Zeit dem regulären Unterricht ihrer Klasse fern. So weit die Theorie.

> Auch Einzelförderung in der Schule ist natürlich durch die Erlasse gedeckt.

Mitunter wird sie sogar täglich für zehn oder fünfzehn Minuten durchgeführt, und das ist auch besonders sinnvoll.

An der praktischen Umsetzung scheitert es oft

Tatsächlich sehen sich viele Schulen wegen Lehrermangels oder aus organisatorischen Gründen gar nicht in der Lage, Förderkurse speziell für Kinder mit Lese- und Rechtschreib-Schwierigkeiten einzurichten. Und wenn diese Gruppen doch eingerichtet werden, fallen sie nicht selten aus, weil die Lehrkraft Vertretungen übernehmen muss oder andere »dringliche Gründe« sie davon abhalten. Viele Lehrkräfte sind für diese Förderaufgabe auch nicht ausgebildet, sodass es häufig beim ineffektiven Wiederholen des Klassenstoffes bleibt. Ein weiteres Problem besteht darin, dass die Fördergruppen häufig im Anschluss an den Unterricht stattfinden – wenn alle anderen Kinder bereits nach Hause gehen. Oder sie finden zu Zeiten statt, zu denen im Unterricht endlich mal etwas Interessantes geschieht. Wer dann in die »langweilige« Fördergruppe soll, ist kaum motiviert, sodass die erhoffte Wirkung dieser Maßnahme meistens ausbleibt.

Ausnahmen bestätigen die Regel

Andererseits finden engagierte Lehrkräfte auch immer wieder besondere Fördermöglichkeiten, die den Bedürfnissen der Kinder entsprechen. So kann man mit einem Kind etwa vereinbaren, dass es am Deutschunterricht in einer niedrigeren Klassenstufe teilnimmt, in den übrigen Stunden aber in seinem Klassenverband bleibt. Es gibt Tutorensysteme, bei denen sich die Schüler gegenseitig helfen. In manchen Fällen können auch LehrerInnen, die ihren Beruf nicht ausüben oder pensioniert sind, stundenweise gezielt für die Förderaufgabe reaktiviert werden. Aktivität, Sachkenntnis und Fantasie können auch in diesem Bereich zu angemessenen Lösungen führen.

> Die beste Förderung für Ihr Kind: Lernen mit Spaß und Motivation.

Der Notenschutz

Was für andere Kinder wie ein schulisches Schlaraffenland klingen mag, ist für Kinder mit Lese-Rechtschreib-Schwierigkeiten zumindest in der Grundschule tatsächlich vorgesehen: der Notenschutz. Das bedeutet, dass die Rechtschreibleistung der betroffenen Kinder bei schriftlichen Arbeiten nicht bewertet wird und daher auch keinen Eingang ins Zeugnis findet. Allerdings gibt es auch beim Notenschutz keine bundesweit einheitliche Regelung. Die Informationen, wie der Notenschutz in Ihrem Bundesland aussieht, finden Sie auf der Webseite des Bundesverbandes Legasthenie und Dyskalkulie. Der Verband unterhält in allen Bundesländern jeweils eine Landesgeschäftsstelle (siehe Adressen, die weiterhelfen, Seite 122).

Gut gemeint und doch oft falsch verstanden

Der Notenschutz soll den größten Druck von den betroffenen Kindern nehmen, was bei vielen auch schnell zu einer psychischen Entlastung führt. Er nimmt – wie Erfahrungen und Untersuchungen zeigen – aber eben nur einen Teil der Belastungen, die ein Kind mit LRS im Schulalltag erlebt. Und dann gibt es noch die Kinder, die sich durch die gut gemeinte Maßnahme im Gegenteil ausgegrenzt und stigmatisiert fühlen.

Deshalb ist es auf jeden Fall sinnvoll, die Befreiung von den Rechtschreibzensuren mit dem Kind zu besprechen und in der Folge zu beobachten, wie es reagiert.

Der Nachteilsausgleich

Mit dem so genannten Nachteilsausgleich soll LRS-Kindern ermöglicht werden, ihre Schwächen beim Erlernen des Lesens und Schreibens durch entsprechende Hilfestellungen zu mildern. Dabei sind Sie als Eltern gefragt, denn Sie sollten darauf achten, dass der Nachteilsausgleich (entsprechend dem Legasthenie-Erlass des jeweiligen Bundeslandes) auch tatsächlich erfolgt. Er soll übrigens auch dazu führen, dass die unzureichenden Leistungen der Kinder im Lesen und Rechtschreiben später nicht etwa den Ausschlag für die Wahl der weiterführenden Schulen gibt.
Ein Nachteilsausgleich kann beispielsweise so aussehen, dass das Kind mehr Zeit für eine Aufgabe oder einen Test erhält oder es von allen Leistungsbeurteilungen, die ausschließlich der Feststellung von Rechtschreibkenntnissen dienen, befreit wird. In einigen Bundesländern ist dieser Nachteilsausgleich bis zum Abitur möglich, in anderen nur in den unteren Klassen. Auch hier sollten Sie sich über die aktuelle Situation in Ihrem Bundesland informieren (siehe Adressen, die weiterhelfen, Seite 122).

Hilfe vom Jugendamt

Schulische Hilfe und Förderung von LRS-Kindern ist die eine Möglichkeit. Doch wenn die Kinder auch in ihrem Selbstwertgefühl schwer unter ihren Lese- und Rechtschreibproblemen leiden, ist eine außerschulische Förderung und Therapie unumgänglich. Das Problem: die Finanzierung. Denn die Krankenkassen fühlen sich nicht zuständig und lehnen den Antrag auf Kostenübernahme für eine Fördermaßnahme meist ab. Die nächste Anlaufstelle ist schließlich das Jugendamt. Grundlage für seine Zuständigkeit ist das Kinder- und Jugendhilfegesetz, das den Anspruch auf »Eingliederungshilfe« regelt.

Das Kinder- und Jugendhilfegesetz (KJHG)

Im Kinder- und Jugendhilfegesetz ist in Paragraph 35a festgelegt, dass Kinder und Jugendliche, die »seelisch behindert oder von einer solchen Behinderung bedroht« sind, Anspruch auf eine »Eingliederungshilfe« haben. Sie erhalten also therapeutische Fördermaßnahmen außerhalb der Schule. Voraussetzung dafür ist, dass die Fördermaßnahme geeignet ist, eine drohende seelische Behinderung abzuwenden, beziehungsweise eine seelische Behinderung abzubauen, wenn diese bereits eingetreten ist. Diese Regelung gilt auch für Kinder mit Lese- und Rechtschreibschwierigkeiten.

UNTERSTÜTZUNG DURCH DIE KRANKENKASSEN

Viele Eltern wenden sich nach der Diagnose LRS spontan an ihre Krankenkasse, um die Kostenübernahme für Fördermaßnahmen zu erreichen. Das wird in fast allen Fällen vergeblich sein. Nach oberster Rechtsprechung sind Lese-Rechtschreib-Störungen – anders als Sprachstörungen – nämlich keine Krankheit. Deshalb dürfen Krankenkassen auch keine Kosten für Förderkurse übernehmen. Anders sieht es aus, wenn Ihr Kind bereits Folgestörungen wie zum Beispiel Schulangst, morgendliche Bauchschmerzen, Verhaltensauffälligkeiten oder gar depressive Verstimmungen entwickelt hat. Dann muss die Krankenkasse eine notwendige psychotherapeutische Behandlung bei einem approbierten Kinder- und Jugendlichenpsychotherapeuten bezahlen. Das heißt aber nicht, dass auch die Behandlung der Lese-Rechtschreib-Schwierigkeiten bezahlt wird. Die Krankenkasse überlässt die Kostenerstattung den Jugendämtern, die nach dem Kinder- und Jugendhilfegesetz zuständig sind.

INFO

LRS als seelische Behinderung

Eine seelische Behinderung liegt laut Definition immer dann vor, wenn ein Mensch aufgrund einer »**Schädigung**« wichtige **Alltagsaktivitäten nicht in normaler Weise bewältigen** kann. Bedingt durch diese seelische Behinderung kommt es wiederum zu **psychischen Schädigungen und Verhaltensauffälligkeiten**, die schließlich auch seine **soziale Integration** beeinträchtigen und gefährden. Trifft all dies zu, gilt der Mensch als seelisch behindert oder von einer seelischen Behinderung bedroht. Doch lässt sich diese Definition auch auf Legastheniker anwenden? Die Antwort lautet Ja, wie folgende Punkte belegen:

> Bleibt Ihr Kind außen vor? Dann ist schnelle Hilfe angesagt!

Schädigung

Eine seelische Behinderung setzt eine Schädigung voraus, die die betroffenen Menschen in ihrer »Teilhabe am Leben in der Gesellschaft beeinträchtigt, oder wenn eine solche Beeinträchtigung zu erwarten ist«. Die laut Definition geforderte Schädigung ist die Schwäche in der Informationsverarbeitung, die beim Kind zu einem Rückstand im Schriftspracherwerb führt. Das ist zum Beispiel der Fall, wenn die phonologische Bewusstheit (Seite 44) als Grundlage für das Lesen- und Schreibenlernen nicht altersgemäß entwickelt ist.

Wichtige Alltagsaktivitäten können nicht in normaler Weise bewältigt werden

Es kommt wegen dieses Mangels bei dem Kind während der Schulzeit zu Lernschwierigkeiten bis hin zur Unfähigkeit, Texte und Wörter richtig zu schreiben und zu lesen. Lesen und Schreiben aber sind wichtige Alltagsaktivitäten, deren Störung negative Folgen für die Entwicklung hat und die soziale Integration des Kindes im späteren Leben beeinträchtigt.

Psychische Schädigungen und Verhaltensauffälligkeiten

Aus der Umwelt des Kindes – zum Beispiel dem Elternhaus, der Schule oder von Klassenkameraden – erfährt das Kind möglicherweise Herabsetzungen, mangelhafte Hilfestellung, häufigen Tadel, Spott und nicht zuletzt Einschränkungen in der Erfüllung seiner altersgemäßen Bedürfnisse durch zeitaufwändiges, oft erfolgloses Üben. Das führt beim Kind meist zu Abwehr, Isolation, Trotz und auffälligen Verhaltensweisen, die schließlich die kindliche Entwicklung hemmen und das Selbstwertgefühl des Kindes beeinträchtigen. Aber auch wenn das alles nicht stattfindet, wächst beim Kind im Laufe seiner Entwicklung zwangsläufig die Einsicht, dass es ein bedeutsames Handicap hat, das seine Entwicklung hemmt und sein Selbstwertgefühl beeinträchtigt.

Beeinträchtigung der sozialen Integration

Die Lernschwierigkeiten wirken sich – besonders was das Lesen angeht – mehr und mehr auch auf die anderen Schulfächer aus, sodass die betroffenen Kinder häufig nicht die schulische Ausbildung und die berufliche Stellung erreichen, die ihnen aufgrund ihrer intellektuellen Leistungsmöglichkeiten eigentlich offen stehen müssten. In vielen Fällen finden Legastheniker sogar überhaupt keine Ausbildungsmöglichkeit. Mitunter fühlen sich die Betroffenen auch von der Gesellschaft im Stich gelassen, da sie nicht so akzeptiert werden, wie sie sind. Das führt immer wieder auch zu Ausgrenzung und Isolation oder treibt die Kinder in die vermeintliche Geborgenheit von Außenseitergruppen.

Die seelische Behinderung selbst entsteht zunächst durch die Einschränkung im Lesen und Schreiben (primäre Störung), aus der sich wiederum eine gestörte soziale Entwicklung (sekundäre Störung) ergibt. Selbst wenn diese noch nicht explizit vorliegt, so droht sie doch in jedem Falle immer dann, wenn das Defizit ausgeprägt ist, der Leidensdruck des Betroffenen groß ist und ihm keine entsprechende professionelle Hilfe zuteil wird.

Das Fachgutachten als erster Schritt

Um festzustellen, ob ein Kind aufgrund seiner LRS als seelisch behindert gelten kann, muss zuerst ein Fachgutachten erstellt werden. Das kann von einem entsprechend fortgebildeten Diplom-Psychologen oder einem Kinder- und Jugendlichen-Psychiater erfolgen. Mithilfe des Gutachtens soll festgestellt werden, ob bei dem betroffenen Kind bereits eine seelische Behinderung vorliegt oder zu entstehen droht.

Wunsch ≠ Realität

Doch leider hat auch die Hilfeleistung nach dem Jugendhilfegesetz ihre Tücken und klappt nicht immer wie geplant: Jede Hilfeleistung durch eine Behörde verursacht Kosten, und die öffentlichen Kassen sind bekanntlich leer. Also wird mancherorts in den Jugendämtern versucht, den Schulen den »Schwarzen Peter« der Förderung allein zuzuschieben. Es kommt aber auch vor, dass das Jugendamt immer wieder neue Unterlagen (zum Beispiel von Schulen, Augen- und Ohrenärzten) anfordert, bevor es sich in der Lage sieht, den Fall zu entscheiden. Das geschieht nicht selten in der Hoffnung, doch noch einen Grund zu finden, nicht als Kostenträger zuständig zu sein. Denn solche Fördermaßnahmen dauern lange und müssen – wenn positiv entschieden – bis zum Ende der Therapie finanziert werden. Dabei ist es übrigens egal, ob der Antragsteller nach dem Hartz-IV-Konzept leben muss oder erfolgreicher Unternehmer ist.

CHECKLISTE

GUT VORBEREITET ZUM JUGENDAMT

> Erkundigen Sie sich von vornherein danach, welche Unterlagen Sie beibringen müssen. Vielleicht gibt es ja sogar einen Handzettel für Eltern.

> Haken Sie nach, ob Gutachten oder Untersuchungsergebnisse von bestimmten Stellen gefordert werden. Mitunter sind es psychologische Beratungsstellen, welche bevorzugt die Untersuchungen durchführen und die Gutachten schreiben. Manche Jugendämter verlangen aber auch, dass das Gesundheitsamt oder ein bestimmter Kinder- und Jugendpsychiater im Krankenhaus konsultiert wird.

> Bedenken Sie, dass Gutachten fast nie von den Stellen anerkannt werden, welche später selbst Behandlungen durchführen wollen. Dabei spielt es keine Rolle, wie qualifiziert der Gutachter gearbeitet hat – er scheidet von vornherein aus.

> Überlassen Sie die Terminabsprache für Gutachten oder Untersuchungstermine keinem Dritten, sondern bemühen Sie sich selbst darum.

> Fragen Sie im Jugendamt nach, ob bestimmte Personen, die Hilfe für LRS-Kinder anbieten, als Leistungserbringer anerkannt sind. Lassen Sie sich die Namen dieser »anerkannten« Behandler/innen geben. Dabei sollten Sie jedoch beachten, dass manche Ämter im Hinblick auf die Qualifikation der anerkannten Stellen recht großzügig sind, weil geringere Qualifikationen zuweilen auch geringere Kosten bedeuten.

> Bleiben Sie hartnäckig! Fragen Sie nach, wenn Sie länger auf einen Bescheid warten müssen. Erkundigen Sie sich von Zeit zu Zeit nach dem Stand der Dinge und zeigen Sie, dass Sie Wert darauf legen, dass die Hilfeleistung so bald wie möglich beginnt.

> Als letzten Schritt haben Sie immer auch die Möglichkeit, gegen das Jugendamt zu klagen. Zuvor sollten Sie sich aber mit einem auf Sozialrecht spezialisierten Anwalt beraten. Auch hier kann der Bundesverband Legasthenie möglicherweise weiterhelfen.

Was private Anbieter Ihnen bieten sollten

Als betroffene Eltern kennen Sie vielleicht die eine oder andere der folgenden Situationen: Die Schule Ihres Kindes bietet die erforderlichen Fördermaßnahmen nicht an oder es ist abzusehen, dass sich trotz aller Aktivitäten nichts zum Besseren hin bewegt. Oder Sie fühlen sich als Eltern immer mehr überfordert, wenn es darum geht, mit Ihrem Kind zu üben, weshalb Sie nach einem Ausweg aus dem Dilemma suchen. In diesen Fällen ist außerschulische Hilfe in Form von Förderangeboten gefragt. Schließlich sind – wenn man davon ausgeht, dass bis zu zehn Prozent der Gesamtbevölkerung Lese-Rechtschreib-Störungen haben oder zu Schülerzeiten hatten – in jeder Schulklasse im Schnitt zwei bis drei Kinder zu erwarten, die Schwierigkeiten mit dem Lesen und Schreiben haben.

Wer bietet diese Hilfe an?

Meist sind es private Institute, Praxen oder auch Vereine, die ihre Hilfe anbieten. Oft bewerben sie ihre Dienste mehr oder weniger plakativ und zuweilen auch aggressiv. Nicht alle Angebote sind seriös. Wer in der Vielfalt der Anbieter qualifiziert ist und damit die beste Hilfe für Ihr Kind darstellt, gilt es deshalb als Erstes zu klären.

Die Bandbreite: riesengroß, und nicht alles ist sinnvoll

Lesen und Schreiben lernt man, das haben wir mehrfach betont, nur dadurch, dass man es auch tut. Diese Tatsache müssen alle Methoden, die bei einer Förderung eingesetzt werden, Rechnung tragen. Dementsprechend kann ein allgemeines Wahrnehmungstraining auch nicht erfolgreich sein – schließlich geht es ja recht speziell um Buchstaben und deren Bedeutung. Ebenso dürfen Sie zu Recht skeptisch sein, wenn Ihnen eine »rasche Heilung« versprochen wird: Das so genannte »Neurolinguistische Programmieren« beispielsweise wird mitunter mit der Aussicht verkauft, dass es in »wenigen Stunden« Erfolge bringen könne; das Gleiche gilt für Methoden wie »Superlearning« oder »Schlaflernen«. Tatsache ist schlicht: Wissenschaftlichen Überprüfungen konnten diese Methoden nicht standhalten. Auch die »Edu-Kinesiologie«, die Legasthenikern die »Energieblockaden« dadurch nehmen will, dass sie mithilfe von »Überkreuzübungen« die Leistungen beider Hirnhälften aufeinander abstimmt, können Sie getrost vergessen. Der so genannte »Muskeltest«, der bei dieser Methode als diagnostisches Mittel eingesetzt wird, ist von der Stiftung Warentest als manipulierbar eingestuft worden und hinterlässt daher nicht den Eindruck einer wissenschaftlich fundierten Methode.

Tatsache ist: Ohne Üben geht's nicht

Aber auch tatsächlich wissenschaftliche Methoden wie zum Beispiel die Spieltherapie lehren als alleinige Methode nicht Lesen und Schreiben, da dabei weder gelesen noch geschrieben wird. Mit ihrer Hilfe kann eine Lese-Rechtschreib-Schwäche daher nicht behoben werden. Werden jedoch einige Elemente der Spieltherapie zwischen einzelnen Übungsabschnitten fachlich qualifiziert eingesetzt, kann das dazu beitragen, die Motivation und das Selbstvertrauen des Kindes zu stärken. Und schließlich sei auch noch gewarnt vor allen Methoden, die sich Ihnen als schnell, als einfach oder als spielerisch und befreiend für die ganze Persönlichkeit anbieten und kurzfristig dauerhafte Erfolge garantieren. Das kann leider nicht funktionieren.

Sind die Helfer qualifiziert?

Wenn Sie sich aus dem Angebotsdschungel schließlich einen Anbieter herausgesucht haben, der Ihnen seriös erscheint, sollten Sie im nächsten Schritt nach den beruflichen Qualifikationen der Therapeuten fragen. Bedenken Sie dabei, dass »Lerntherapeut«, »Legasthenietherapeut« oder »Lernberater« keine offiziellen Berufsbezeichnungen sind. Bis heute gibt es keine staatlich anerkannte Ausbildung, die The-

rapeuten speziell für die Legastheniefärderung qualifiziert. Wenn Sie also auf einen solchen Titel stoßen, ist erst einmal unklar, welche Qualifikation sich wirklich dahinter verbirgt.

Leider ist auch die häufige Annahme nicht richtig, dass Lehrer allein schon durch ihre Ausbildung Lernstörungen beim Lesen und Schreiben behandeln können. Nur wenn sie die entsprechenden Fächer studiert und sich angemessen fortgebildet haben, sollten Sie ihnen Ihr Kind anvertrauen. Das gilt natürlich auch für Pädagogen (etwa Heil- oder Sonderpädagogen). Der Titel »Diplom-Psychologe« ist im Übrigen geschützt. Er darf nur von Personen verwendet werden, die einen Universitätsabschluss in diesem Fach besitzen.

Wie sehen die Bedingungen im Umfeld aus?

Wenn Sie der Meinung sind, nun an der richtigen Stelle angekommen zu sein, sollten Sie trotz aller Überzeugtheit darauf achten, keine Verträge mit zu langen Kündigungsfristen zu unterschreiben (siehe Seite 87). Hinzu kommt, dass Sie prüfen sollten, ob für Sie Verträge in Frage kommen, die das ganze Jahr über laufen (also auch während der Ferien). Meistens sind bei dieser Art von Vertrag die monatlichen Kosten etwas geringer, da die Gesamtsumme auf das ganze Jahr verteilt wird, doch sie müssen dann auch während der Ferien entrichtet werden. Prüfen Sie, ob das Institut Ihrer Wahl für die Sommerferien vielleicht ein Intensivseminar (zum Ferienabschluss) oder Ähnliches anbietet, was den Stundenausfall während der langen Sommerferien auffängt. Wenn Sie befürchten, dass Sie sich über die Bezahlung während der Ferien ärgern werden, sollten Sie einen entsprechenden Vertrag nicht abschließen. Lassen Sie sich deshalb alle Unterlagen, die für eine Anmeldung notwendig sind, aushändigen, um sie in Ruhe zu Hause durchzulesen. Erst wenn alle Fragen zur Zufriedenheit geklärt sind, sollten Sie unterschreiben. Wird Ihnen eine Teilnahme in einer Fördergruppe angeboten, sollten Sie sich unbedingt nach der Gruppengröße und den Kriterien erkundigen, nach denen die Kinder zusammengefasst wurden: Passen die Teilnehmer von ihrem Leistungsstand her zusammen? Wird gemeinsam gelernt? Nach welchen Methoden wird gearbeitet? Wird ein festes Programm durchgearbeitet und wenn ja, welches? Ist das Programm nur für Einzelförderung oder auch für Gruppen geeignet? Mehr Hinweise und Infos zu diesem Thema finden Sie auf Seite 87.

Besondere Hilfe bei psychischen Störungen

Falls Ihr Kind schon seit längerem unter großen Problemen beim Lesen- und Schreibenlernen leidet und dadurch bereits eine psychische Störung entwickelt hat, sollten Sie zusätzlich zur Legasthenie-Therapie eine Beratungsstelle für Kinder, Jugendliche und Eltern oder eine/n Kinder- und Jugendlichenpsychotherapeutin/en zu Rate ziehen.

Dauer und Kosten einer Therapie

Wie lange eine Fördermaßnahme notwendig ist, lässt sich kaum voraussagen. Sicher aber ist: Die Dauer wird meist deutlich unterschätzt. Die Erwartung, dass nach dem Beginn einer Behandlung die Zensuren im nächsten Schuljahr in

WER BETREUT DIE KINDER TATSÄCHLICH?

Auch Franchising-Unternehmen, die bundesweit in örtlichen Instituten ihre Dienste anbieten, haben oft durchaus qualifizierte Leiter, aber leider sind nicht alle ihre Mitarbeiter ebenso qualifiziert. Dort arbeiten häufig auch Studenten, Rentner und Hausfrauen als Hausaufgabenhilfe, ohne ausreichende Sachkenntnis über die Behandlung von Lernstörungen zu besitzen. Fragen Sie also auch hier nach, wer Ihr Kind betreuen und begleiten wird.

!

WICHTIG

den grünen Bereich hochschnellen, ist jedenfalls meistens unrealistisch. In Berlin ist die Behörde eine Zeitlang davon ausgegangen, dass etwa 80 Förderstunden zu erwarten sind, bis eine sichtbare Besserung eintritt. Bei zwei Stunden wöchentlich macht das, nach Abzug von Ferien- und anderen Ausfallstunden, einen Zeitraum von einem Jahr aus. Aber zwei Stunden wöchentlich sind auf Dauer meist nicht durchführbar, und dass Kinder zwei Jahre und mehr an geeigneten Maßnahmen teilnehmen, ist deshalb keine Seltenheit.

Wenn ein entsprechendes amtsärztliches Gutachten über die Legasthenie Ihres Kindes vorliegt, sollten Sie prüfen, ob und in welcher Höhe die Kosten für die

> Förderung in kleinen Gruppen ist besonders effektiv.

Therapie als außergewöhnliche Belastung steuerlich geltend gemacht werden können. Wer sich dafür interessiert, sollte beim Steuerberater nachfragen.

Einzel- oder Gruppenunterricht – das ist hier die Frage

Neben Dauer und Frequenz stellt sich noch die Frage nach der Art der Förderung: Einzel- oder Gruppenunterricht? Davon werden natürlich auch die Kosten bestimmt. Eine qualifizierte Einzelbehandlung kann um die 50 Euro pro Stunde kosten. Manche Anbieter schließen Pauschalverträge für 150 oder 160 Euro im Monat ab. Prüfen Sie dann aber die Bedingungen für Ausfall- und Ferienzeiten! Diese Sätze gelten für Einzelbehandlungen, die aber keineswegs in jedem Fall notwendig sind.

Für viele Kinder sind kleine Fördergruppen von etwa vier Kindern sogar motivierender und effektiver. Manchmal entstehen daraus sogar echte Freundschaften. Wichtig ist nur, dass die Gruppe qualifiziert geleitet wird. Dann stellt sich auch der Lernerfolg ein – und die Kosten verringern sich je nach Teilnehmerzahl auf etwa 10 bis 20 Euro pro Kind und Stunde. In manchen Fällen dauern Gruppensitzungen auch 90 Minuten mit entsprechenden Spielphasen. Dann wird es wieder etwas mehr kosten. Fragen Sie auch, ob noch zusätzliche Materialkosten auf Sie zukommen.

DIESE PUNKTE SOLLTE EIN THERAPIEPLATZ ERFÜLLEN

Es ist sicherlich schwer, geeignete Hilfe zu finden, denn das Angebot ist unübersichtlich und erweitert sich zudem noch ständig. Sie sollten bedenken, dass Förderung auch immer Vertrauenssache ist. Sammeln Sie deshalb im Vorfeld genügend Informationen, wägen Sie die Leistungen sorgfältig gegeneinander ab und entscheiden Sie sich erst dann für den einen oder anderen Anbieter. Die nachfolgende Checkliste kann Ihnen dabei helfen.

> Das Institut/der Therapeut ist so realistisch, dass keine Wunderheilungen über Nacht oder in wenigen Stunden versprochen werden.

> Im Konzept des Anbieters wird deutlich, dass Übungen zum Lesen und Schreiben im Mittelpunkt der Therapie stehen.

> Der Therapeut ist qualifiziert (Psychologe, Pädagoge) und hat eine zusätzliche Fortbildung für die Behandlung von Lese- und Rechtschreib-Schwierigkeiten.

> Die Betreuung der Kinder erfolgt tatsächlich durch die ausgewiesenen Fachkräfte und geht nach einiger Zeit nicht etwa in die Hände von weniger qualifizierten Mitarbeitern über.

> Es werden maximal fünf Kinder gleichzeitig gefördert.

> Der Vertrag kann in vernünftigem Rahmen (3–6 Monate) gekündigt werden.

> Während der Ferien entstehen keine Kosten, wenn auch keine Leistung erbracht wird. Oder die Fehlstunden während der Ferien werden durch Intensivkurse aufgefangen (etwa am Ende der Ferien als Einstieg ins neue Schuljahr).

> Wenn Ihr Kind an einer Fördergruppe teilnimmt, haben die anderen Teilnehmer ein vergleichbares Leistungsniveau.

> Wenn Ihr Kind bereits eine psychische Störung aufweist, hat der Therapeut idealerweise auch eine psychotherapeutische Ausbildung.

> Sollten gezielte Übungen für zu Hause mitgegeben werden, so werden die Eltern genau instruiert, wie sie motivierend durchgeführt werden. Sie beanspruchen keinesfalls mehr als 15 Minuten täglich.

> Das Institut sollte ausreichenden Kontakt zu Schulen haben, aber ohne Ihre Einwilligung keine Verbindung zu der Lehrkraft Ihres Kindes aufnehmen.

> Es gibt Elternsprechstunden. Das Institut kann bei besonderen Entwicklungen Hinweise auf Stellen oder Personen geben, an die Sie sich wenden können.

> Eine gute Therapie ist immer auch transparent. Das heißt, dass sich das Institut auch über die Schulter blicken lässt: Eltern können an einzelnen Stunden teilnehmen, ihnen werden die Fortschritte des Kindes und die Vorgehensweise erklärt.

Wie Eltern helfen können

Ein Kind mit einer Lese-Recht-schreib-Schwäche braucht Hilfe. Das wissen Sie. Sie haben sich deshalb inzwischen darum bemüht, dass Ihr Kind in der Schule entsprechend gefördert wird. Vielleicht ist parallel dazu auch schon eine Therapie bei einem privaten Anbieter angelaufen, die Ihnen eine große Last von den Schultern genommen hat. Und dennoch werden Sie das Gefühl nicht los, dass Sie noch mehr für Ihr Kind tun sollten. Die Frage ist nur, wie diese Hilfe aussehen kann und ob Sie sie nicht vielleicht selbst Ihrem Kind geben können. Damit Sie Ihr Kind auch zu Hause wirkungsvoll unterstützen können, sollten jedoch einige Voraussetzungen erfüllt sein. Vor allem anderen ist es wichtig, dass Sie und Ihr Kind mit der richtigen Einstellung an das tägliche Training herangehen. Sie wissen jetzt, dass unrealistische Erwartungen Ihr Kind nur unnötig unter Druck setzen (siehe Seite 24) und die Atmosphäre zwischen Ihnen beiden vergiften können. Bleiben Sie daher geduldig und freuen Sie sich auch über die kleinen Erfolge.

Elternhilfe: erwünscht und effektiv

»Wie kann ich meinem Kind beim Lernen helfen, wenn das nicht einmal die Schule schafft?«, fragen Sie sich nun vielleicht beklommen. Sie können, und zwar recht effektiv. Sie wissen jetzt, was eine Lese-Rechtschreib-Störung ist. Ihnen ist klar, dass Ihre Hilfe da ansetzen muss, wo Ihr Kind im Lesen und Schreiben steht und wo es noch etwas leisten kann.

Situation und Kind akzeptieren – der erste Schritt

Sie akzeptieren, dass Ihr Kind das Lesen und Schreiben langsamer lernt als seine Mitschülerinnen und Mitschüler. Sie wissen auch, dass niemand Schuld daran hat, weder Sie noch Ihr Kind oder die Schule, sondern dass als Ursache eine Beeinträchtigung in der sprachlichen Entwicklung für die Lernprobleme sorgt. Und deshalb können Sie Ihr Kind so annehmen, wie es ist – mitsamt seinen Lernproblemen. Und das ist eigentlich das Allerwichtigste. Denn nichts ist für ein Kind entmutigender, als immer wieder zu erfahren, dass es nicht so ist, wie seine Eltern es gern hätten.

Zweitens: auf Stärken achten

Starten Sie Ihren gemeinsamen Neuanfang doch einmal damit, dass Sie sich zunächst einmal fragen, was Ihr Kind besonders gut kann und was es liebenswert macht. Diese Ausrichtung auf die Stärken Ihres Kindes wird Ihnen helfen, ihm mehr zuzutrauen. So gewinnen Sie auch wieder mehr Zuversicht, dass es seine Schwierigkeiten in der Schule in den Griff bekommt. Loben Sie Ihr Kind immer dann, wenn es sich Mühe gibt, ungeachtet dessen, was dabei herauskommt. Helfen Sie ihm notfalls mit gezielten Fragen, damit es selbst auf ein richtiges Ergebnis kommt, und freuen Sie sich mit ihm über seinen Erfolg. Vor allem aber: Haben Sie bitte Geduld! Wenn Ihr Kind eine Lese-Rechtschreib-Störung hat, wird auch die beste Hilfestellung nicht verhindern können, dass es in nächster Zeit zumindest in der Rechtschreibung die durchschnittliche Leistung seiner Klassenkameraden nicht erreichen wird. Das ist keine Katastrophe, solange man keine daraus macht. Konzentrieren Sie sich weniger auf die Fehlerzahl als vielmehr darauf, was Ihr Kind neu dazugelernt hat. Freuen Sie sich über diesen Lernfortschritt und lassen Sie sich nicht davon entmutigen, wenn Ihr Kind Gelerntes mal wieder vergessen haben sollte.

Familie als Quelle für Kraft und Selbstvertrauen

Die Familie ist alles andere als eine Nebenstelle der Schule. Schulschwierigkeiten sollten deshalb in der Familie nicht den höchsten Stellenwert besitzen und den Familienfrieden nicht ins Wanken bringen. Lassen Sie nicht zu, dass es auch noch im familiären Kreis zu Kränkungen und Kämpfen um die Schularbeiten kommt. Gerade innerhalb der Familie haben Kinder die Chance, ein gesundes Selbstwertgefühl zu entwickeln – was vor allem für lerngestörte Kinder wichtig ist, denen häufig genug viel Selbstvertrauen in der Schule abhanden kommt.

Schritt drei:
Mit Lob motivieren

Jeder von uns freut sich, wenn er gelobt wird – und das gilt natürlich auch für Ihr lese-rechtschreib-schwaches Kind, das

Abschalten erlaubt! Die Familie gibt Sicherheit und Halt.

wahrscheinlich in letzter Zeit nicht gerade mit Lob überhäuft wurde. Stimmt, sagen Sie sich nun vielleicht, und kommen ins Grübeln. Tatsächlich ist richtiges Loben gar nicht so einfach. Wir sind schließlich alle von Kindheit an daran gewöhnt, dass wir mehr auf das achten, was nicht in Ordnung ist, als auf die Dinge, die gut und reibungslos funktionieren. Dafür gibt es sogar einen Ausdruck: Wir sind »fehlerorientiert«. Einmal ganz ehrlich: Als Ihr Kind das erste Mal »Mama« sagte, war da die Freude nicht groß und ungetrübt? Und auch die ersten Schritte wurden noch gebührend gefeiert. Aber ganz allmählich ließ das Loben nach, und die tadelnde Kritik gewann die Oberhand. Schade eigentlich, denn wie die Verhaltensforschung beweist, lernen wir durch Lob und Erfolg wesentlich besser als durch Tadel, Strafe und Entmutigung. Damit sind wir an einem guten Punkt angekommen, um uns in Zukunft mehr aufs Loben als aufs Tadeln zu konzentrieren. Zählen Sie doch einmal drei Tage lang – am besten mithilfe einer Strichliste –, wie oft Sie Ihr Kind kritisieren, tadeln oder ermahnen. An drei weiteren Tagen führen Sie die Strichliste fort, doch notieren Sie diesmal, wie oft Sie Ihr Kind loben, anerkennen oder ermutigen. Die Striche bringen schließlich die Wahrheit ans Licht: Haben Sie einen überwiegend »fehlerorientierten« oder vielleicht doch einen »erfolgsorientierten« Erziehungsstil?

Loben Sie richtig?

Ein Lob hat die Aufgabe, das Bemühen um eine Lösung zu verstärken. Deshalb muss es freundlich, überzeugend und klar sein – sonst bewirkt es nichts. Lob ist eine der Grundvoraussetzungen dafür, dass ein Kind Erfolge erleben kann – und es gibt vor allem für jüngere Kinder keine bessere Motivation als die Anerkennung durch die Eltern.
Was das Lob selbst angeht, sind Sätze wie »Na sieh mal an, das hast du ja gut gemacht – warum nicht immer so?« oder »Bis eben hast du dich wirklich angestrengt, aber jetzt lässt du schon wieder nach!« fehl am Platz. Denn damit wird das ausgesprochene Lob gleich wieder relativiert und damit »einkassiert«. Die Folge: Das Kind fühlt sich kritisiert und bestraft, aber nicht gelobt. Das heißt im Klartext: Ein Lob ist nur dann ein Lob, wenn es eine Leistung ohne Wenn und Aber anerkennt. Ein überzeugendes und klares Lob ist eine freundliche, anerkennende Äußerung möglichst mit Augenkontakt und freundlicher Miene.

Jetzt ist Verständnis gefragt

Ohne Verständnis für die Notsituation des lese-rechtschreib-schwachen Kindes geht nichts, wenn Eltern helfen möchten. Nur so entsteht ein Vertrauensverhältnis, in dem die betroffenen Kinder die Unterstützung der Eltern auch annehmen können. Sie werden sehen, dass dazu eine Menge Geduld nötig ist. Die brauchen Sie, weil viele Kinder über Jahre hinweg nur dann den Anforderungen der Schule genügen können, wenn sie Hilfe von zu Hause bekommen.

Echte Hilfe: Schreiben nach Diktat

Vor allem wenn es darum geht, schriftliche Arbeiten anzufertigen, wird Ihr Kind dringend Hilfe brauchen. Sonst kosten Schreiben und Fehlerverbessern unnötig Zeit und Energie. Vielleicht können Sie die Gedanken Ihres Kindes nach Diktat zu Papier bringen? Nachdem die Hauptarbeit des Formulierens erledigt ist, kann Ihr Kind seinen Aufsatz von Ihrer fehlerfreien Vorlage in sein Heft übertragen. So profitieren alle: Das Aufsatzschreiben verliert seinen Schrecken, unnötige Fehler werden vermieden und die richtigen Schreibwesen prägen sich ein.
Im Gegenzug vereinbaren Sie mit Ihrem Kind, dass es dafür einige Übungswörter schreibt, die seinen Möglichkeiten entsprechen (siehe dazu Seite 116). Über diese und ähnliche Vereinbarungen sollten Sie natürlich auch die Lehrkräfte informieren. Wenn diese mit den Problemen eines rechtschreibschwachen Kindes vertraut sind, werden sie sicher damit einverstanden sein.

Computer & Co.: Hilfe aus der Konserve

Computer üben auf die meisten Kinder eine große Faszination aus. Das trifft sich gut, denn gerade wenn es darum geht, sich mit einem ungeliebten Thema zu beschäftigen, kann der Reiz von Bildschirm und Tastatur sehr hilfreich sein. Außerdem kann so gleich eine weitere Fliege mit derselben Klappe geschlagen werden: Kinder von heute müssen den Umgang mit Computern lernen, wenn sie morgen im Beruf bestehen wollen.

Neugier als Triebfeder

Bei vielen Kindern erregen Computerprogramme erst einmal Neugier und das Verlangen, sie sofort auszuprobieren. Selbst aufmerksamkeitsgestörte Kinder zeigen beim computergestützten Lernen häufig eindrucksvolle Ausdauer und Konzentration. Und Computer haben noch einen Vorteil: Sie sind geduldig, wie Eltern und Lehrer es kaum sein können. Sie schimpfen nicht, verziehen auch bei der fünften falschen Eingabe keine Miene und machen keine ironischen Bemerkungen.

Konzentration aufs Wesentliche

Darüber hinaus gibt es aber auch noch didaktische Vorteile: Computer ersparen motorisch weniger geschickten Kindern, sich gleichzeitig auf Schreibinhalte und schreibmotorische Anstrengungen konzentrieren zu müssen. Für die Förderung im Schreiben bedeutet das, dass die Kinder also ihre ganze Aufmerksamkeit darauf ausrichten, Wörter lautlich genau zu analysieren. Jeden zum Laut passenden Buchstaben müssen sie auf der Tastatur suchen. Dadurch schreiben sie langsamer und genauer. Und weil Sie während der Förderzeit den Vorgang beobachten, können Sie hilfreich eingreifen und gegebenenfalls einen Fehler vermeiden helfen. Doch selbst wenn ein Fehler entstanden ist, kann er rasch und spurlos beseitigt werden. Und last but not least: Auch Computer melden Erfolge sofort zurück. Vorausgesetzt natürlich, das Programm ist gut (siehe Kasten Seite 94).

Wenn die Unterhaltung überhand nimmt …

Viele Übungsprogramme für Kinder mit Lese- und Rechtschreibschwierigkeiten sind so genannte »Edutainment-Programme«. Sie fördern zwar stark die Motivation, weil sie das Lernangebot in eine kindgemäße Geschichte einbetten. Sie ähneln aber eigentlich mehr Computerspielen als Übungsprogrammen. Für Kinder, die wenig motiviert sind, mögen sie als Einstieg in die häusliche Förderung nützlich sein. Für eine gezielte Förderung sind sie eher

nicht geeignet. Durch die Leitgeschichte geht viel Zeit verloren, in der keine Lerninhalte vermittelt werden. Die kurzen Übungsteile, die bewältigt werden müssen, damit der Abenteuerfilm weiterläuft, werden vom Kind mehr als Unterbrechung in der Bilderfolge in Kauf genommen. Sie erregen oft weniger das Interesse an den Lerninhalten, sondern an der Fortsetzung der Story. Deshalb prägen sich die Lerninhalte auch nicht ausreichend ein. Es gibt aber auch gute Lern-Software. Empfehlenswert sind zum Beispiel die Programme aus dem Traeger-Verlag, insbesondere UNIWORT, das für das erste bis sechste Schuljahr eine Fülle nach Schwie-

rigkeit und Lernzielen geordneter Wortschätze enthält, die auf unterschiedlichen Wegen vermittelt werden können. Die variable »Blitzwort-Funktion« ist für das Lesetraining sehr förderlich.

Computer: kein Elternersatz!

Selbst wenn es noch so wünschenswert wäre – auch das beste Programm kann nicht beurteilen, ob sich ein Kind Mühe gegeben hat. Es kann falsche Ergebnisse melden und richtige bestätigen. Doch es kann natürlich nicht erkennen, ob das Kind sich anstrengt, ob es überlegt und die richtigen Strategien bei der Lösung von

WANN IST EIN COMPUTERPROGRAMM GUT?

Wenn Sie sich dafür entscheiden, Ihr Kind mit Hilfe einer Lern-Software zu unterstützen, ist es wichtig, dass Sie ein hochwertiges Produkt verwenden. Das große Angebot macht bei der Auswahl oft hilflos. Hier einige Anhaltspunkte, mit deren Hilfe Sie das passende Programm finden werden:

> Gute Programme lassen sich leicht installieren und starten, sind von der Oberfläche her klar, übersichtlich und bedienungsfreundlich.

> Sie haben ein ausführlich und klar gegliedertes Handbuch, das leicht verständlich ist und sich leicht ausdrucken lässt.

> In einem guten Programm kann man die wichtigsten Schriften – zum Beispiel Druck- oder Schreibschriften – einstellen und deren Größe und Farbe verändern.

> Es lässt zu, dass man eigene Programme eingibt und eine persönliche Fehlerkartei einrichtet.

> Es lässt Schreib- und reine Leseaufgaben zu.

> Es gestattet, die durchgeführten Übungen zu protokollieren.

> Es regt die Kinder an, auf das Programm zu reagieren.

> Wenn eine Eingabe erfolgt, gibt es sofort Rückmeldung, ob sie richtig oder falsch ist.

> Mit einem guten Programm können Sie Arbeitsblätter erstellen und ausdrucken.

> Die Darbietungszeit von Übungswörtern kann bei Bedarf auch den individuellen Bedürfnissen angepasst werden von 0,01 Sekunden »Blitzwort« bis zu 60 Sekunden.

> Es bietet Abwechslung und lässt zu, dass man aussteigt, wann man möchte.

> Es ist nicht mit Elementen überfrachtet, bleibt sachlich und hat möglichst wenig »Animationen«. (Außerdem sollten sich diese abstellen lassen, denn es nervt auf Dauer, wenn nach jedem dritten richtig geschriebenen Wort ein albernes Comictier Beifall klatschend über den Bildschirm watschelt oder bei Fehlern mahnend »Aufpassen« kräht.)

> Es muss einen genügend großen Wortschatz mit sehr unterschiedlichen Schwierigkeitsgraden haben, mit dem man vielfältig und abwechslungsreich das einüben kann, was man gerade für nötig hält. Nur dann ist es nämlich für die verschiedenen Klassenstufen (zum Beispiel Grundschule erste bis vierte Klasse) einsetzbar und »wächst mit«.

> Das Programm muss gezielt auf die gewünschten Lerninhalte und Übungsziele einzustellen sein.

Aufgaben entwickelt. Und genau hier liegt der Nachteil aller Computerprogramme – sie können nicht individuell loben. Aber gerade das brauchen Kinder mit Lese- und Rechtschreibschwierigkeiten. Bei ihnen geht es ja nicht nur um das richtige Ergebnis, sondern vor allem auch um das richtige Lösungsverhalten. Und deshalb werden Sie beim Computertraining gebraucht.

Sinnvoll: begleitende Hilfe

Wenn Sie sich für den Einsatz einer Lern-Software entscheiden, bedenken Sie bitte: Auch für das beste Programm ist eine begleitende Hilfe notwendig. Wenn Sie also möchten, dass Ihr Kind zu Hause am Computer sinnvoll übt, sollten Sie es hierbei unterstützen. Natürlich kann diese Rolle auch jemand anders übernehmen. Die Helfer sollten sich mit dem Programm vorher genau vertraut machen, die passenden Übungen vorbereiten und anschließend mit dem Kind gemeinsam durchführen. Dann können sie zur rechten Zeit die Bemühungen und Erfolge des Kindes loben. Das freut alle Beteiligten. Und wenn doch einmal Fehler auftreten, können sie diese gemeinsam korrigieren. Der Helfer oder die Helferin können das Kind außerdem dabei unterstützen, neue Fehler zu vermeiden, und ihnen bei richtigen Ergebnissen und Verhaltensweisen (»Du hältst ganz prima durch« oder »Gut, wie du das machst«) die erworbe-nen Erfolgspunkte zuteilen. (Sie sind Teil eines Belohnungssystems, zu dem Sie auf Seite 101 mehr erfahren.) Sie werden sehen, Ihr Kind wird enorm davon profitieren, dass es nicht allein vor dem Computer sitzen muss. Und davon profitieren letztendlich auch Sie: Ihr Kind geht motivierter und freudiger ans tägliche Üben.

Reichlich Lob

Den meisten Kindern macht das nach einer Weile so viel Spaß, dass sie sich auch außerhalb der gemeinsamen Übungszeit mit dem Programm befassen. Es ist mit den Computer-Lernprogrammen also ähnlich wie beim Sport: Je besser das Verhältnis von Trainer und (Gehirn-)Sportler ist, umso erfolgreicher ist das (Computer-)Training und umso mehr Spaß macht es allen Beteiligten, also Eltern und Kind. Wenn Sie Ihr Kind mit einem Computerprogramm fördern möchten, brauchen Sie keine weiteren Übungen durchzuführen. 15 Minuten täglich reichen aus. Natürlich lässt sich »Computer-Üben« auch mit anderen Förderarten verbinden. Nur sollte der tägliche Zeitrahmen dabei nicht gesprengt werden. Wer möchte, kann zusätzlich regelmäßig Kontrollblätter ausdrucken und nach Fehlerzahl und gegebenenfalls nach Arbeitstempo auswerten. So können Sie die Fortschritte registrieren und nach und nach den Schwierigkeitsgrad dem Leistungszuwachs anpassen.

So helfen Sie
Ihrem Kind

Erfahren Sie hier, wie Sie und Ihr Kind während der täglichen Übungs-Viertelstunde fair miteinander umgehen, denn das ist die Grundvoraussetzung für den Erfolg. Finden Sie heraus, wo Ihr Kind momentan beim Lese- und Rechtschreiberwerb steht, und steigen Sie ein ins Übungsprogramm, das einfacher und praktikabler nicht sein könnte. Verfallen Sie dabei nicht in alte Muster und geben Sie Ihrem Kind so viel Zeit, wie es eben benötigt.

Sie haben sich entschlossen,
mit Ihrem Kind gemeinsam zu üben, damit es besser lesen und schreiben lernt. Klingt logisch, aber der Satz kann manchmal auch in die Irre führen. Denn eigentlich kann man nur das üben, was man schon gelernt hat. Die folgenden zwei Beispiele machen das klar:

> Jonas geht schon länger zum Fußball-training. Vielleicht bringt ihm der Trainer heute bei, wie er den Ball ganz gezielt abgeben oder annehmen kann. Das kann er aber nur lernen, weil er schon Fußball spielen kann. Nun übt er die neuen Feinheiten, verbessert dadurch sein Spiel, und mit entsprechender Begabung wird er eines Tages vielleicht sogar Fußballprofi.

> Miriam hat gerade eine kleine Sonatine auf dem Klavier noch einmal geübt, die sie zuvor gelernt hat. Nachdem sie die Sonatine beherrscht, kann sie sich an etwas Schwierigeres heranwagen. Aber bis es für eine Beethoven-Sonate reicht, wird sie noch viel dazulernen und dann gründlich üben müssen.

Gemeinsam üben, aber richtig

Die auf Seite 98 genannten Beispiele leuchten ein: Die Kinder haben beim Einfachen begonnen und so allmählich ihre Fähigkeiten verbessert.

Aber beim Lesen und Schreiben wird häufig alles ganz anders gemacht. Da müssen Kinder, die allein kaum ein einziges Wort richtig schreiben können, so lange »Diktat üben«, bis sie den Text einigermaßen hinbekommen, wenn er ihnen am nächsten Tag in der Schule diktiert wird. Aber drei Tage später haben sie alles wieder vergessen, und die Enttäuschung ist groß. Oder es wird ein Lesetext einstudiert, bis das Kind ihn auswendig kann. Doch sobald irgendwo ein unbekanntes Wort auftaucht, ist es völlig hilflos. Denn in Wirklichkeit kann es noch gar nicht lesen.

Nie den zweiten Schritt vor dem ersten tun!

Fördern heißt also: Erst lernen, und dann das Erlernte einüben. Wenn das funktioniert, kann das Erlernte als Grundlage für den nächsten Lernschritt dienen. Nur diese Reihenfolge führt zum Erfolg, und nur das ist gemeint, wenn wir sagen: »Kinder müssen bei der Förderung dort abgeholt werden, wo sie stehen.« Damit Sie diesen Schritt mit Ihrem Kind bewältigen können, finden Sie ab Seite 106 eine Übersicht der einzelnen Stufen, die zum richtigen Beginn des Lesen- und Schreibenlernens führen. Mithilfe der Beschreibungen fällt es leicht, die Leistungen Ihres Kindes einzuordnen. Sie haben damit eine Grundlage für das gemeiname Üben. Fangen Sie dort an, wo die Fähigkeiten Ihres Kindes gerade zu »wackeln« beginnen. Gerade anfangs ist es wichtig, dass Ihr Kind auch Erfolge wahrnimmt. Setzen Sie daher bei dem Lernschritt ein, den es gerade noch beherrscht. Anregungen für konkrete Übungen, aus denen Sie Ihr tägliches »Trainingsprogramm« zusammenstellen können, finden Sie ab Seite 111.

Richtig motivieren mit Belohnungen

Aus der Verhaltensforschung weiß man, dass ein gewünschtes Verhalten am wirksamsten verstärkt wird, wenn unmittelbar darauf eine Belohnung erfolgt. Wenn das gewünschte Verhalten dann auch weiterhin zu Belohnungen führt, tritt es in Zukunft häufiger auf. Solch eine Belohnung kann schon eine kurze, freundliche Reaktion (Zunicken, Bestätigung) oder ein Lob oder eine bestimmte Vergünstigung sein. Das Belohnungssystem funktioniert aber auch gut mit Punkten, die das Kind sammeln und später gegen einen Wunsch eintauschen kann. Im Gegenzug ist aber auch bewiesen, dass eine negative Reaktion (zum Beispiel Schimpfen) auf

SIEBEN REGELN, DIE DAS ÜBEN ERLEICHTERN

Sie wissen jetzt, dass Ihr Kind von einer Lese-Rechtschreib-Störung betroffen ist. Natürlich wollen Sie ihm nun gerne beistehen. Aber wie? Zunächst einmal müssen Sie herausfinden, wo Ihr Kind steht. Dann können Sie überlegen, welche Übungen Sie in Zukunft sinnvollerweise zusammen angehen. Damit das tägliche gemeinsame Üben auch möglichst erfolgreich ist, sollten Sie die folgenden sieben Grundregeln beherzigen:

> **Regel 1:** Angst ist ein schlechter Lehrmeister. Deshalb sollten Sie Ihr Kind bei der Förderung nicht kritisieren oder tadeln. Versuchen Sie stattdessen, dem Kind Hinweise und Hilfestellung zu geben, wie es Fehler vermeiden und entstandene Fehler korrigieren kann.

> **Regel 2:** Die Aufgaben, die Ihr Kind erledigen soll, müssen seinen Möglichkeiten und Fertigkeiten entsprechen. Das heißt, dass Ihr Kind eine Chance haben muss, die Aufgabe auch selbst lösen zu können, ohne dass es dabei überfordert wird. Natürlich soll es sich dabei auch etwas anstrengen.

> **Regel 3:** Der Weg bei der Förderung geht immer vom Leichten zum Schwierigeren. Erst wenn das Leichtere beherrscht wird, sollte stufenweise das Schwierigere folgen. Fangen Sie deshalb mit einer leichten Aufgabe an, dann folgt die schwierigere. Und dann lassen sie wieder eine leichtere folgen. Macht das Kind dabei Fehler, ist das normal. Denn Fehler sind Schritte, mit denen sich das Kind einem Lernziel annähert.

> **Regel 4:** Nehmen Sie auch kleine Lernfortschritte zur Kenntnis und loben Sie Ihr Kind dafür – schließlich ist das ein erster (kleiner) Schritt in die richtige Richtung. Wer das Lerntempo zu schnell forciert oder die Schwierigkeit der Aufgaben zu rasch steigert, entmutigt sein Kind unnötig.

> **Regel 5:** Anweisungen und Erklärungen sollten immer so einfach und so knapp wie möglich sein, damit Ihr Kind klipp und klar weiß, was es zu tun hat.

> **Regel 6:** Wenn Ihr Kind bei der Lösung einer Aufgabe Schwierigkeiten hat, beobachten Sie sein Verhalten. Wenn es sich mit der Sache auseinander gesetzt hat und trotzdem nicht weiterkommt, sollten Sie seine Bemühungen loben. Im Anschluss unterstützen Sie es mit kleinen Hilfestellungen, sodass es möglichst doch selbst zur richtigen Lösung findet.

> **Regel 7:** Alle Aufgaben, die in der Förderzeit gestellt werden, sollten sauber ausgeführt werden. Das heißt, dass Ihr Kind in »Schönschrift« schreibt, damit es die Wörter nach dem Schreiben problemlos wieder lesen kann. Wenn Sie ein Übungsheft benutzen, sollte es übersichtlich geführt werden. Auch dafür kann es dann Sonderpunkte geben (siehe dazu Seite 101).

ein positives Verhalten (etwa Üben oder Hausaufgaben) bewirkt, dass das an sich gewünschte Verhalten, nicht mehr so häufig auftritt. So erreicht man genau das Gegenteil von dem, was eigentlich beabsichtigt war.

Wie Lob und Tadel wirken können

Die folgenden zwei Beispiele zeigen, was Lob beziehungsweise Tadel bewegen oder anrichten können.

> Daniel hat große Probleme mit dem Lesen und Schreiben. Deswegen gibt es auch ständig Streit mit seiner Mutter. Die Hausaufgaben und Übungsstunden hasst er regelrecht, denn dabei wird er nur geschimpft, weil er sich nicht konzentriert. Gern schaut Daniel jedoch seinem Vater in der Werkstatt zu, wenn der dort irgendwelche Sachen repariert. Der Vater zeigt, dass er sich freut, wenn Daniel kommt. Er gibt ihm auch kleine Aufträge. Er darf ein Werkzeug holen oder etwas festhalten, und jedes Mal lobt der Vater Daniels Verhalten. Dann lässt er seinen Sohn auch schon einmal selbstständig das eine oder andere tun und erkennt seine Leistungen an. Schließlich baut Daniel selbst seinen Kaninchenstall und hat gelernt, Fahrräder zu reparieren. Sein Vater lobt ihn vor Freunden und Nachbarn: »Den Kaninchenstall hat Daniel selbst gebaut –

hat er das nicht toll gemacht?« Daniel ist stolz und gibt sich weiterhin Mühe.

> Ina hat zu Hause Lesen geübt und sich große Mühe gegeben. Sie meldet sich in der Schule und darf vorlesen. Aber schon verliest sie sich, fängt an zu stottern und einige Kinder lachen. Die Lehrerin fragt: »Hast du wirklich zu Hause geübt?« Ina meldet sich daraufhin nicht wieder, und als sie wieder einmal aufgerufen wird, lachen wieder einige Kinder über ihre Fehler. Ina hat nun gar keine Lust mehr, sich große Mühe zu geben. Sie hat gelernt, dass selbst Üben und sich Mühe zu geben nicht zum Erfolg führen, und gibt das Verhalten auf.

Wie Belohnen funktioniert

Belohnungen knüpfen eine Wenn-dann-Beziehung: »Wenn du dir Mühe gibst, dann belohne ich dich.« – »Wenn ich dich belohne, dann wirst du dir Mühe geben.« Dieses Prinzip funktioniert aber nur, wenn dabei die folgenden Bedingungen eingehalten werden:

> Das gewünschte Verhalten muss klar beschrieben sein und keine Möglichkeiten für Auslegungen zulassen: »Wenn du jeden Tag die sechs Wörter aus der Wortkartei ohne zu maulen sauber aufschreibst und bearbeitest, bekommst du einen Punkt.« »Wenn du deine Übung sauber und leserlich schreibst, bekommst du einen Punkt.

Natürlich darfst du etwas verbessern oder Falsches durchstreichen.« Darüber muss man nicht mehr diskutieren.

> Bei jungen Kindern, die erst mit dem Lesenlernen anfangen, sollte nach jedem Wort, um das sich das Kind bemüht hat, eine Verstärkung durch eine anerkennende Bemerkung folgen. Das gilt auch dann, wenn das Wort selbst nicht richtig geschrieben wurde – schließlich hat sich das Kind bemüht, und vor allem darauf kommt es an. Im Anschluss helfen Sie ihm, die richtige Schreibweise zu finden.

> Sehr wirksam ist es auch, wenn man die Belohnungspunkte nochmals in Sternchen unterteilt: Das Kind bekommt dann für jedes richtig geschriebene Wort nicht nur ein Lob, sondern zusätzlich noch ein Sternchen, von denen fünf Stück einen Punkt ergeben.

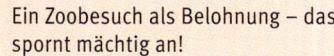

> Ein Zoobesuch als Belohnung – das spornt mächtig an!

> Das Verteilen der Punkte kann allerdings leicht zur Routine werden, was schade wäre. Das Kind sollte nämlich spüren, dass mit jedem Punkt eine Anerkennung verbunden ist, über die Sie sich selbst auch freuen. Wenn Sie nicht ganz sicher sind, ob ein Punkt gerechtfertigt ist, dann zögern Sie einfach etwas – und entscheiden sich dann doch für den Punkt. Etwas Spaß und Spannung kann bei solchen Belohnungssystemen ruhig dabei sein.

> Wichtig ist, dass das Kind die Punkte möglichst bald eintauschen darf, sobald es die entsprechende Punktzahl gesammelt hat. Zum Beispiel kann es für 20 Punkte eine Tafel Schokolade, für 40 Punkte ein paar Yu-Gi-Oh-Karten oder für 50 eine besondere Freizeitaktivität (Schwimmbad- oder Zoobesuch) einfordern. Erfahrungsgemäß sammeln manche Kinder die Punkte auch für eine größere Belohnung (etwa einen Besuch in einem Freizeitpark), die aber immer noch in erreichbarer Nähe sein sollte. Denn wenn das Ziel beispielsweise ein Jahr entfernt liegt, ist der Zeitraum definitiv zu lang. Das Versprechen zu Schuljahresbeginn »Wenn du jetzt immer fleißig übst, bekommst du nächstes Jahr zur Versetzung ein Fahrrad!« wird nicht viel Erfolg bringen. Die Wahrscheinlichkeit, dass irgendwann zwischendurch Unregelmäßigkeiten beim Üben auf-

treten, steigt. Außerdem haben die meisten Kinder Probleme, ihre guten Vorsätze ohne häufige Bestätigung durchzuhalten.

> Ist das erwünschte Verhalten mithilfe des Belohnungssystems weitgehend erreicht (bitte dem Kind Zeit lassen!), kann die Belohnung durch die Punkte allmählich abgebaut werden. Bei älteren Kindern ist es langfristig besser, durch anerkennende Worte zu loben (»Ich finde das ganz prima, dass du dir schon so lange Mühe gibst, und ich finde, du hast auch schon eine ganze Menge dazugelernt«) als durch materielle Belohnungen.

> In dieser Zeit des Punkteabbaus ist es besonders wirksam, eine Belohnung auch einmal unerwartet und spontan einzusetzen: »Du hast jetzt immer so gut mitgearbeitet, dafür gehen wir heute nach dem Üben zusammen ein schönes Eis essen, ja?«

Ein wirksames System

Dass ein solches Programm sehr wirksam sein kann, wurde immer wieder durch Untersuchungen bestätigt. Das gilt aber nur dann, wenn es konsequent durchgeführt und trotz der Wiederholungen nicht zur Routine wird.

Das Kind sollte also durchaus mitbekommen, dass die Förderung für die Mutter (oder wer immer sie durchführt) nicht etwa eine Art lästige Pflichterfüllung ist. Feilschen Sie mit Ihrem Kind daher ruhig auch mal über die Vergabe einzelner Punkte. Das verhindert, dass der Prozess sich automatisiert und weder Mutter noch Kind ihn noch richtig zu schätzen wissen. Das Übungsprogramm sollte regelmäßig und möglichst immer zur gleichen Zeit durchgeführt werden. Und die tägliche Übungszeit sollte, je nach Alter des Kindes, zwischen 10 und 20 Minuten betragen. Das sind allerdings nur Richtwerte, von denen Sie im Einzelfall immer abweichen können.

Auch flexibel einsetzbar

Die Einsatzmöglichkeiten für ein solches »Belohnungssystem« beschränken sich natürlich nicht nur auf die Wortkartei, die später noch genauer beschrieben wird (ab Seite 116). Es kann (fast) immer dann angewendet werden, wenn sich das Verhalten von Kindern ändern soll. Ob es dabei um das morgendliche Zähneputzen oder die Durchführung der Hausaufgaben geht, spielt weniger eine Rolle.

Das Belohnungssystem funktioniert jedoch nur dann, wenn die Eltern mit dem Kind eine Vereinbarung abschließen, die genau festlegt, was sie von ihm erwarten und was es dafür bekommt. Das setzt natürlich voraus, dass auch das Kind mit der Vereinbarung einverstanden ist und das gemeinsame Ziel unterstützt.

Hilfen, auf die Sie verzichten können

Lernspiele aller Art haben Hochkonjunktur – wie sich unschwer in jeder Buchhandlung feststellen lässt. Doch hier ist beim Kauf wirklich Vorsicht angebracht, denn nicht alles, was angeboten wird, macht auch für lese- und rechtschreibschwache Kinder Sinn.

Wie Sie bereits weiter vorn im Buch erfahren haben, lernen Kinder nur dann Lesen und Schreiben, wenn sie es auch tatsächlich tun. Wenn es – wie in einigen Lernheften – nur darum geht, Buchstaben in Lücken zu schreiben (W-r ge-en heu-e spa-i-ren), bringt das für lese-rechtschreib-schwache Schüler nichts. Das gilt auch für falsch geschriebene Wörter, in denen die Kinder den Fehler suchen sollen (Stul, Tischdeke, Sonenschein), oder für Wortreihen, bei denen es darum geht, das richtig geschriebene Wort herauszusuchen (Fänster, Fensster, Fenster, Venster). Auch die beliebten Wortschlangen (Wennesdochbloßaufhörenwürdezuregnen!) oder Rückwärtslesungen (gnubierhcsthceR) verunsichern mehr, als sie nutzen, vor allem wenn sie nicht fachkundig eingesetzt werden. Viele der Übungsaufgaben in solchen Heften können Kinder nur dann lösen, wenn sie ohnehin schon wissen, wie die Wörter geschrieben werden. Und dann ist der Lerneffekt gleich null.

Warum eine Diagnose so wichtig ist

Sie haben erfahren, dass es bei der Förderung Ihres Kindes darauf ankommt, es nicht zu überfordern. Wenn es große Probleme mit dem Lesen und Schreiben hat, wird es sehr bald auch mit den Schulaufgaben nicht mehr zurechtkommen. Es bleibt für Sie dann gar kein anderer Weg, als ihm bei der Erledigung der Hausaufgaben zu helfen.

Ein Beispiel kann das deutlicher machen: Ein Kind geht in die dritte Klasse. Als Hausaufgabe soll es eine Seite aus seinem Sachbuch lesen und vorbereiten. Für den nächsten Tag ist ein Test darüber angesagt. Die Lesefertigkeit des Kindes entspricht etwa dem Leistungsstand wie zu Beginn des zweiten Schuljahres. Wie also kann es diese Aufgabe ohne Hilfe lösen? Gar nicht.

Wenn Sie als Eltern Ihrem Kind helfen wollen, lesen Sie ihm den Text langsam und deutlich vor und stellen zu wichtigen Punkten Fragen. Aus den Antworten können Sie ersehen, ob es alles verstanden hat. Am besten vereinbaren Sie als Eltern solche Hilfeleistungen für schriftliche und mündliche Hausaufgaben, die Ihr Kind ansonsten nicht allein lösen könnte. Als Gegenleistung wird dann beispielsweise das tägliche Übungsprogramm, das dem tatsächlichen Leistungsstand entspricht, ohne Murren absolviert.

Problem erkannt, Problem gebannt?

Der Prozess beim Lesen- und Schreiben-lernen folgt bei allen Kindern einem ähnlichen Stufenaufbau. Darunter ver-steht man eine Abfolge von Fertigkeiten, an deren Ende das Ziel erreicht ist, dass das Kind allein lesen sowie orthografisch richtig schreiben kann.

Der Lese- und Rechtschreib-aufbau

Wir stellen Ihnen in den nachfolgenden Tabellen den Lese- sowie den Recht-schreibaufbau vor. Hier eine »Anleitung« für den Umgang mit den Tabellen.
Die linke Spalte beschreibt in sieben Stu-fen, wie sich die Lese- beziehungsweise Schreibfertigkeit entwickelt. Die erste Stufe liegt gewöhnlich in der Zeit vor der Einschulung. Die zweite Stufe ist der Ein-stieg in eine Phase, die Lernforscher die »alphabetische« Lernphase nennen. Sie ist dadurch gekennzeichnet, dass die Kinder bewusst jedem Buchstaben einen Laut zuordnen und diese Laute eines Wortes zusammenziehen. Beim Schreiben analy-sieren sie jeden Laut eines Wortes und »übersetzen« ihn in den »zuständigen« Buchstaben. Damit beginnt der Lernpro-zess. Er erstreckt sich bis zu dem Punkt, an dem die Kinder in der Lage sind, die Wörter eines Textes aus dem Wortspei-cher heraus wieder zu erkennen, ohne sich an jedem einzelnen Buchstaben orientieren zu müssen. Das Lesen ist dann automatisiert.

Das vermitteln die Tabellen

Unsere Tabellen beziehen sich nur auf die ersten Stufen der »alphabetischen Phase«. Sie sollen Ihnen deutlich machen ...
> wo Ihr Kind zu Beginn des Lesen- und Schreibenlernens steht,
> woran Sie feststellen können, auf wel-cher Stufe es aktuell steht,
> welche Hilfestellungen Sie ihm bei För-derbedarf geben können.

Kinder ohne Leseprobleme haben diese Stufen bis zum Ende des ersten Schuljah-res im Allgemeinen durchlaufen. Doch Kinder mit größeren Leseschwierigkeiten haben sie möglicherweise auch zu Beginn des dritten Grundschuljahres noch nicht ganz gemeistert.
Lesen Sie die Tabellen zum Lese- und Rechtschreibaufbau nun einmal in Ruhe durch und überlegen Sie, an welcher Stel-le Ihr Kind im Moment steht. Das Kön-nen kann dabei weit hinter dem der Jahr-gangsstufe Ihres Kindes zurückliegen – doch das ist nicht entscheidend. Viel wichtiger ist es, Ihr Kind dort abzuholen, wo es gerade steht. Und eben das erfah-ren Sie hier.
> Der Einfachheit halber sind in beiden Tabellen die Begriffe für Konsonanten und Vokale durch K und V abgekürzt.

> DER LESEAUFBAU

STUFEN DES LESEAUFBAUS	SO KANN SICH DIESE STUFE DES LESE-AUFBAUS ÄUSSERN	SO KÖNNEN SIE MIT IHREM KIND ÜBEN
STUFE 1 Einzelne Buchstaben werden gemalt oder willkürlich aneinander gereiht.	Ihr Kind schaut auf einen Text und erzählt etwas. Einige bekannte Wörter werden auswendig hergesagt. Das phonologische Bewusstsein ist vielleicht noch nicht ganz ausgereift.	Übungen zur Stärkung des phonologischen Bewusstseins, wie zum Beispiel auf Seite 49 beschrieben.
STUFE 2 Erste Buchstaben werden als Lautzeichen erkannt. Anlaute von Wörtern werden erkannt. Einige Buchstaben werden einzeln aneinander gereiht (etwa H-O-S-E). Die Lautverbindung gelingt meistens noch nicht.	Wenige Silben mit zwei oder drei Buchstaben können erlesen werden. Die Lautfolge dabei ist meist > dehnbarer Konsonant (wie m, l oder s) plus > Vokal; mitunter gelingt es bereits, Vokale und Konsonanten zusammenzuziehen (etwa in »am«).	Die Zuordnung von Buchstaben zu Lauten und von Lauten zu Buchstaben lernen und üben; außerdem Übungen zum phonologischen Bewusstsein, wie zum Beispiel auf Seite 49 beschrieben.
STUFE 3 Mehr und mehr Lautzeichen werden erkannt. Auch schwerer zu verbindende Konsonant-Vokal-Folgen wie »ka«, »do« oder »ru« werden jetzt gelesen.	Ihr Kind kann Silbenfolgen wie »ka-ro« oder »do-se« lesen. Konsonantenverbindungen wie »br« oder »kl« machen noch Schwierigkeiten.	Lesen Sie mit Ihrem Kind Wörter mit einfachen Abfolgen von K-V-K (MAL, MUT, LOS). In der nächsten Stufe üben Sie K-V-K-V-Verbindungen (HA-SE, RA-BE) oder V-K-V-Verbindungen (OPA.) Beim Schreiben sollten Sie Ihr Kind im Schreibtempo mitsprechen lassen.

Konsonantenverbindungen am Wortanfang kann Ihr Kind inzwischen lesen (zum Beispiel KL-EI-N, BR-O-T).

Häufig wiederholt Ihr Kind beim Lesen die einzelnen Wortteile: Br – Bro – Brot.

Kurze Wörter mit den folgenden Verbindungen üben: K-K-V-K, K-K-V-K-V (KRAN, FRAGE), dann K-V-K-K (MAST, BILD – Achtung, das wird »Bilt« gesprochen!).

Ihr Kind kann nun immer besser auch Konsonantenverbindungen (zum Beispiel K-V-K-K-V) im Wortinneren lesen wie etwa in LAM-PE, AM-PEL, ZE-BRA.

Lassen Sie Ihr Kind Wörter silbenweise lesen und die einzelnen Silben wiederholen. Es kann nun auch kurze lauttreue Sätze (OMA HAT EIN BUCH) lesen. Bitte mehrmals lesen lassen.

Einfache lauttreue Wörter mit Konsonantenhäufungen kann Ihr Kind nun auch lesen FLA-SCHE, PLAS-TIK.

Ihr Kind scheitert noch an größeren Konsonantenhäufungen wie das etwa in STRUMPF oder STREICHT der Fall ist.

Lassen Sie Ihr Kind Wörter mit geringen Konsonantenhäufungen lesen. Die Schwierigkeiten ganz allmählich steigern.

Lauttreue mehrsilbige Wörter kann Ihr Kind inzwischen problemlos lesen (zum Beispiel KAR-TOF-FEL, TO-MA-TE).

Üben Sie mit Ihrem Kind längere lauttreue Wörter mit ansteigender Länge und Schwierigkeit (z. B. Konsonantenhäufungen): TO-MA-TEN-SA-LAT.

AUSNAHMEN GIBT ES IMMER

Diese Tabellen können nur Anhaltspunkte geben. Wie der Lese- oder Rechtschreibprozess verläuft, liegt vor allem auch an den unterschiedlichen Lehrbüchern, die in der Schule verwendet werden. Selbstverständlich vermischen sich auch die Stufen, mit denen sich Lesen und Schreiben aufbauen. Trotzdem lassen sich für die Lese- und Schreibförderung zu Hause Hinweise ableiten, auf welcher Stufe sich Ihr Kind etwa befindet und was zunächst beherrscht werden muss, bevor man zum Nächstschwierigeren weitergeht. Achtung: Der Schwerpunkt liegt auf den Leseübungen.

> DER RECHTSCHREIBAUFBAU

STUFEN DES RECHTSCHREIB- AUFBAUS	SO KANN SICH DIESE STUFE ÄUSSERN	AUSSERDEM ANZUMERKEN	SO KÖNNEN SIE MIT IHREM KIND ÜBEN
STUFE 1 Einzelne Buchstaben werden – zum Teil auch spiegelbildlich – aufgeschrieben. Der eigene Name wird mehr »gemalt« als geschrieben.	Ihr Kind reiht Buchstaben mehr oder weniger willkürlich aneinander. Auslassungen und Verdrehungen bei gelernten Wörtern kommen häufig vor.	Ihr Kind kann die Einzellaute in der gesprochenen Sprache noch nicht in Buchstaben und die Buchstaben noch nicht in Laute übersetzen.	Diese Stufe liegt vor der Einschulung. Hier können Sie die Laut-Buchstaben-Zuordnung lernen und einüben (siehe Seite 113).
STUFE 2 Die Kinder versuchen, erste Wörter in Buchstaben zu übersetzen. Das gelingt nur bei einigen Zuordnungen von Lauten zu Buchstaben.	Ihr Kind schreibt zum Beispiel »KT« für Katze oder »HAT« für Hund. Oft kommt es zu falschen Buchstaben-Zuordnungen wie »FMT« für Wind.	Erste Zuordnungen von Buchstaben zu Lauten (Lesen) und Lauten zu Buchstaben gelingen. Die Kinder fragen häufig nach den Buchstaben.	Übungen zur phonologischen Bewusstheit (siehe Seite 49)
STUFE 3 Das Kind hat verstanden, dass Laute den Buchstaben zugeordnet werden müssen. Es spricht sich die zu schreibenden Wörter vor.	Es kommen noch Auslassungen, Verwechslungen und Verfälschungen vor: GATN statt Garten oder HAT statt Hand.	Grundwörter sind abgespeichert. Sie werden beim Leser wiedererkannt und beim Schreiben nicht mehr vorbuchstabiert.	Wörter langsam und deutlich vorsprechen. Silbenweise schreiben lassen (siehe Seite 114).
STUFE 4 Der Wortschatz, den das Kind schreiben kann, vergrößert sich. Mehr und mehr Wörter sind gespeichert und können abgerufen werden.	Schwierigkeiten machen Besonderheiten wie »Wise« statt »Wiese«, Verdopplungen und Ableitungsformen wie »Wende« statt Wände.	Das Kind muss noch sehr oft »nach Gehör« schreiben. »Fata« (Vater), »Se« (See), »schbriechd« (spricht); auch »Bhot« statt Boot.	Lauttreue Wörter schreiben nach deutlichem Vorsprechen (siehe Seite 116) Das Kind deutlich vorsprechen lassen.

Die Übersetzung von Lauten in Buchstaben wird ergänzt durch erstes Wissen, wie Wörter strukturiert sind: lesen statt lesn; Bruder statt Bruda.	Mehr und mehr wird die Regelhaftigkeit von Wortstrukturen gelernt.	Die hohe Konzentration auf die einzelnen Laute wird jetzt weniger gebraucht. Immer öfter wird aus dem Gedächtnis geschrieben.	Mit Wortkartei üben (siehe Seite 116).	STUFE 5
Es werden weitere orthografische Strukturen angewendet, die teils auf Regelwissen beruhen (Schreibweise von Vorsilben wie ab-, ver-, vor-, oder Endungen wie -keit und -ig.	Das Kind hat durch Regelwissen gelernt, dass Hund mit d, Heft aber mit t am Ende geschrieben wird. Der gespeicherte Wortschatz erweitert sich rasch.	Es kommen aber immer noch häufige Fehler vor, weil die gelernten Regeln nicht erkannt werden oder auf ungeeignete Wörter angewendet werden.	Mit Wortkartei üben. Vorsilben finden lassen und sortieren. (Übungen siehe Seite 116).	STUFE 6
Die meisten Wörter des Grundwortschatzes können abgerufen werden. Bei unbekannten Wörtern muss das Wort zuerst in die Laute aufgegliedert und dann in die Buchstaben übersetzt werden.	Das Schreiben ist meistens noch begleitet vom Mitsprechen. Die richtig geschriebenen Wörter überwiegen, weil erstes Regelwissen angewendet werden kann.	Die Zahl der gespeicherten Wörter, die aus dem Gedächtnis abgerufen werden können, wächst stetig.	Mit Wortkartei üben (siehe Seite 116).	STUFE 7

AUCH LESEN HILFT!

Die Übungen, die Sie bei der Leseförderung durchführen (Seite 106/107), dienen auch dem Rechtschreibaufbau. Denn die Entwicklung der Rechtschreibfertigkeit geht im Allgemeinen mit der der Lesefertigkeit einher. Lassen Sie Ihr Kind einfach einige der gelesenen Wörter oder Silben schreiben.

Kleiner Lesetest

Wenn Ihr Kind zwar bereits lesen kann, sich aber immer noch schwer tut oder immer wieder Fehler macht, können Sie mit ihm einen Lesetest durchführen. Die beiden folgenden Lesetexte lassen eine recht gute Einschätzung der Lesefertigkeit bei Erst- und Zweitklässlern (Text 1) sowie bei Dritt- und Viertklässlern (Text 2) zu. Bei beiden Texten handelt es sich aber nicht um »standardisierte« Tests. Sie geben nur Hinweise darauf, ob bei Ihrem Kind ein Förderbedarf besteht. Die Schriftgröße der Lesetexte ist dabei mit Absicht etwas größer gewählt. Gehen Sie beim Lesetest bitte folgendermaßen vor:

> Legen Sie Ihrem Kind den Text für die jeweilige Klassenstufe vor, mit der Bitte, ihn so rasch wie möglich, aber auch möglichst ohne Fehler vorzulesen. Decken Sie dabei den Text darüber beziehungsweise darunter mit weißem Papier ab, damit Ihr Kind sich auf »seinen« Text konzentrieren kann.

> Stoppen Sie die Zeit, die Ihr Kind braucht, um den Text komplett zu lesen, und notieren Sie die Fehler, die es dabei macht. Schreiben Sie die falsch gelesenen Wörter auf oder unterstreichen Sie sie in Ihrer (kopierten) Textvorlage. So können Sie später vielleicht bessere Hinweise darauf bekommen, womit Ihr Kind besonders große Probleme hat.

Lesetext 1:
für Erst- und Zweitklässler

Mein Bruder hat einen kleinen Hund. Er hat ein schönes und weiches Fell. Es ist ganz weiß mit kleinen braunen Flecken. Am liebsten mag er spielen. Danach ist er dann müde.

Auswertung

> **Schüler am Ende des ersten Schuljahrs:** Als durchschnittliche Leistung gilt, wenn ein Kind 45 bis 50 Sekunden benötigt, um den Text vorzulesen, und wenn es dabei bis zu vier Fehler macht. Kinder, die mehr als vier Fehler machen und länger als 75 Sekunden benötigen, um den kompletten Text zu lesen, haben wahrscheinlich einen erhöhten Förderbedarf.

> **Schüler ab der Mitte des zweiten Schuljahrs:** Bei Zweitklässlern sollte das Lesen nicht länger als 25 bis 30 Sekunden dauern und sie sollten nicht mehr als drei Fehler machen. Bei ihnen deutet sich ein Förderbedarf zur Mitte des Schuljahres an, wenn die Lesezeit 45 Sekunden oder länger beträgt. Am Ende des 2. Schuljahres sollte man über eine Förderung nachdenken, wenn das Kind mehr als 30 Sekunden fürs Lesen benötigt.

Lesetext 2:
für Dritt- und Viertklässler

Susanne kommt nach Hause und weint ein bisschen. »Ich bin gerade von der Schaukel gefallen«, jammert sie. »Oh je,« ruft die Mutter entsetzt, »wie ist denn das passiert? Da hast du dir sicherlich sehr weh getan!« »Ach,« antwortet Susanne, »das Herunterfallen war eigentlich gar nicht furchtbar schlimm, bloß als ich auf dem Fußboden angekommen bin – das war schmerzhaft!«

Auswertung

❯ **Schüler der dritten Klasse:** Wenn ein Kind im dritten Schuljahr für den Text etwa 40 Sekunden braucht und bis zu drei Lesefehler macht, ist das ein normales Ergebnis. Bedenklich wird es jedoch ab etwa 50 Sekunden Lesezeit und mehr als drei Fehlern.

❯ **Schüler der vierten Klasse:** Ein Viertklässler sollte für die Lektüre des Textes um die 30 Sekunden brauchen und nicht mehr als zwei Lesefehler machen. Liegt seine Lesezeit über 40 Sekunden und macht er mehr als zwei Fehler, deutet das auf einen erhöhten Übungsbedarf hin.

Rechtschreibtests für daheim – leider unmöglich

Während es für die Beurteilung der Lesefertigkeit im Wesentlichen auf die Lesezeit und die Zahl der Fehler ankommt, wird die Rechtschreibleistung durch mehr und vielfältigere Faktoren bestimmt. Da kommt es beispielsweise sehr genau auf die Auswahl der »Testwörter« an. Ob sie für eine Aussage geeignet sind und wie sie im Test zusammengestellt werden müssen, kann nur nach umfangreichen Untersuchungen bestimmt werden. Zusätzlich wird das Ergebnis auch dadurch beeinflusst, auf welche Art und Weise dem Kind die Wörter diktiert werden. Kurzum: Eine Rechtschreibüberprüfung können wir Ihnen hier nicht anbieten, und einen vorhandenen Rechtschreibtest dürfen wir selbstverständlich nicht abdrucken. Aber in den Diktaten und den schriftlichen Aufgaben finden Sie genügend Hinweise auf den Leistungsstand Ihres Kindes. Dort haben Sie die Fehler schwarz auf weiß vorliegen, können feststellen, wie das mit Auslassungen ist, und ob sich bestimmte Fehler häufen. Weitere Anhaltspunkte finden Sie in der Tabelle zu den Stufen des Lese- und Rechtschreibaufbaus (ab Seite 106), die Ihnen zeigt, wo Ihr Kind momentan steht.

Übungen für zu Hause

Ohne Sie geht es nicht! Genau deshalb wollen wir Ihnen mit unseren Hinweisen und Beschreibungen von Übungsmöglichkeiten helfen, damit Sie diese Herausforderung in angemessener Weise annehmen können. Und so finden Sie hier wieder eine Zusammenstellung von Lernschritten, die Sie zu Beginn des Leselernprozesses mit gezielten Übungen unterstützen können.

Was die Durchführung der einzelnen Übungen angeht, hat eine Vielzahl von Untersuchungen ergeben ...

- > dass Kinder mit Lese- und Rechtschreibschwierigkeiten die gleichen Übungen möglichst mehrmals hintereinander durchführen und in kürzeren Zeitabständen wiederholen sollten.
- > dass Hilfestellungen, die einmal in der Woche für 60 oder 90 Minuten stattfinden, meistens nur geringe Fortschritte bewirken.
- > dass es deutlich erfolgversprechender ist, wenn statt großer Übungseinheiten in längeren Abständen täglich 15 bis 20 Minuten geübt wird.

Übung 1: Buchstaben-Zuordnung

Für viele Kinder ist die erste Klippe, die sie beim Lesen zu nehmen haben, die Zuordnung eines Buchstabens zu einem Laut. Voraussetzung dafür ist, dass das Kind ein Wort in Laute aufgliedern kann. Und eben das können Sie in den folgenden Schritten mit Ihrem Kind üben.

> **Schritt 1:** Es ist sinnvoll, immer mit Wörtern zu beginnen, bei denen am Anfang ein langer Vokal steht. Sie stellen immer auch eine Silbe dar und können deshalb isoliert gehört werden, wie das etwa bei folgenden Wörtern der Fall ist:

A – meise

E – sel

I – gel

O – fen

U – hu etc.

> **Schritt 2:** Wenn Konsonanten eingeübt werden, sollten Sie unbedingt darauf achten, dass Sie beim Sprechen ausschließlich die Laute (also /w/ oder /m/) verwenden. Bitte verwirren Sie Ihr Kind nicht, indem Sie die Namen der Buchstaben (also »We« und »Emm«) nennen.

> **Schritt 3:** Mit Bild- und Buchstabenkarten arbeiten. Suchen Sie sich Abbildungen von Dingen zusammen, die den gleichen Anfangslaut haben. Lassen Sie sich den Anfangslaut der abgebildeten

Gegenstände nennen und legen Sie dann eine entsprechende Buchstabenkarte dazu. Allmählich wird das Kind den Laut mit dem Buchstaben verbinden.

> **Schritt 4:** Endlaute und Laute im Wortinneren trainieren. Im nächsten Schritt verfahren Sie ebenso mit den Endlauten der Wörter. Erst wenn Ihr Kind Anlaute und Endlaute bestimmen kann, sollten Sie sich mit der gleichen Methode mit den Lauten im Wortinneren beschäftigen.

BILD- UND BUCHSTABEN-KARTEN

Natürlich gibt es spezielle Lese- und Rechtschreibspiele, die Bild- und Buchstabenkarten beinhalten. »Buchstabix« von HABA ist ein gutes Merkspiel, wenn das Kind sich Buchstaben einprägen soll. Doch selbst wenn Sie kein solches Spiel besitzen, können Sie mit Ihrem Kind üben, indem Sie Anleihen aus anderen Spielen nehmen. Als Bildkarten eignen sich beispielsweise mitunter Karten eines Memoryspiels. sofern darauf immer nur ein Gegenstand abgebildet ist. »Merk mal« oder »Detektiv Horch« sind sinnvolle Spiele, die verschieden einsetzbare Bildkarten enthalten (siehe Seite 122).

TIPP

Ausführlich dargestellt werden Lautspiele zum Aufbau der phonologischen Bewusstheit in den folgenden beiden Übungsbüchern: »Hören, lauschen, lernen« und »Hören, lauschen, lernen 2« (siehe Bücher, die weiterhelfen, Seite 122).

Übung 2:
Lauttreues Schreiben

Wenn es darum geht, die ersten Wörter zu schreiben, kann das Zerlegen der Wörter in Silben sehr hilfreich sein.

> **Schritt 1:** Achten Sie zunächst darauf, dass Sie nur lauttreue Wörter schreiben lassen. Darunter versteht man Wörter, die genauso geschrieben werden, wie man sie spricht. Bleiben Sie bitte so lange bei den lauttreuen Wörtern, bis Ihr Kind auch längere lauttreue Wörter fehlerfrei beherrscht. Das Niederschreiben dieser Wörter hilft Kindern wesentlich beim Zuordnen der Buchstaben zum entsprechenden Laut.
> Nachfolgend nun einige Beispiele für lauttreue Wörter, die es in großer Zahl und jeder Länge – und damit auch für Kinder in höheren Klassen – gibt. Entsprechendes gilt natürlich auch für das Lesenüben. Eine ausführliche Sammlung von lauttreuen Wörtern, Leseübungen und Diktaten findet sich in den Büchern von Findeisen »Lauttreue Diktate und Leseübungen« (siehe Bücher, die weiterhelfen, Seite 122).

Ton
Ro – se
Te – le – fon
Nu – del – sup – pe
Ha – fen – an – la – ge
Re – gen – bo – gen – far – ben
Kar – tof – fel – sa – lat – schüs – sel

> **Schritt 2:** Beim Schreiben sollte Ihr Kind so vorgehen: Es spricht das Wort, das es schreiben will, silbenweise vor. Jüngere Kinder klatschen die Silben. Zwischen jeder Silbe sollte eine hörbare Pause sein. Dann schreibt es das Wort Silbe für Silbe auf und spricht jede Silbe im Schreibtempo mit. Kinder merken auf diese Weise bald: Lange Wörter müssen nicht unbedingt auch schwierige Wörter sein. Solange die Silben kurz sind, sind auch lange Wörter relativ leicht zu schreiben.

> **Schritt 3:** Schwierig werden Wörter erst, wenn sich in einer Silbe viele Konsonanten befinden, wie in Marschmusik oder Marktplatz. Wörter mit solchen so genannten Konsonantenhäufungen sollte Ihr Kind erst schreiben, wenn es die einfacher strukturierten, kurzsilbigen mühelos bewältigt. Am besten fangen Sie mit Konsonantenverbindungen am Wortbeginn an: Wörter die mit Bl, Br oder Schw (etwa blau, Blume oder Schwalbe) beginnen, sind gut für den Einstieg. Wer möchte, kann dann Wörter,

die mit diesen oder ähnlichen Konsonanten beginnen, vom Kind noch im Wörterbuch nachschlagen lassen – und bringt dem Kind so nebenbei den Umgang mit diesem Hilfsmittel bei. Sehr empfehlenswert, wenn es darum geht, die lautgetreue Schreibung zu trainieren, ist die Lern-CD »Uniwort«. Dabei handelt es sich um ein sehr vielseitiges Lernprogramm für Kinder vom 1. bis zum 6. Schuljahr, das viele nützliche Möglichkeiten bietet.

Übung 3: Wörterlegen

Normalerweise werden Wörter geschrieben, doch man kann sie auch legen. Ideal fürs Wörterlegen ist das Kreuzwortspiel »Typ Dom«, dessen Spielsteine aus einzelnen Buchstaben bestehen. Sie sind so gestaltet, dass sie waagerecht und senkrecht wie Puzzleteile miteinander verhakt werden können und deshalb nicht verrutschen. Das Hervorstechende an den Buchstabenplättchen aber ist, dass alle Konsonanten auf schwarzem und alle Vokale auf rotem Grund stehen. Legt man jetzt silbenweise ein Wort wie To – ma – ten – sa – lat, kann man auf den ersten Blick erkennen, dass jede Silbe einen Vokal haben muss und dass lange Silben wie »Strumpf« oder »Markt« nur durch die große Zahl an Konsonanten so lang werden. Wenn die Kinder die Plättchen Silbe für Silbe auflegen, wird ihnen dabei darüber hinaus klar, dass Vokalverbindungen wie »au« oder »eu« und Vokalverdoppelungen wie »aa« oder »oo« zwar aus zwei Plättchen bestehen, aber wie ein Laut gewertet werden Natürlich lassen sich die Wörter auch silbenweise schreiben und die Vokale farbig kennzeichnen. Das überaus Positive an diesem Spiel aber ist, dass es den Kindern zusätzliche Anreize bietet, mit Sprache umzugehen. Wer Kreuzworträtsel legen will, muss immer wieder versuchen festzustellen, wie viele Laute in einem Wort vorhanden sind und

> Mit den bunten Buchstaben macht Wörterlegen riesig Spaß.

ob es an den vorgesehenen Platz passt. Einziger Nachteil des Spiels: Es enthält keine Umlaute (also kein »ä«, »ö«, »ü«), weil diese in Kreuzworträtseln als ae, oe und ue geschrieben werden.

Übung 4:
Üben mit der Wortkartei

Wer Rechtschreiben üben möchte, sollte sich auf jeden Fall eine Wortkartei anlegen. Dieses System hat sich seit langem bewährt. Es ist seit fast vierzig Jahren bekannt und hat bis heute nichts von seiner Aktualität verloren. Hinzu kommt, dass eine Wortkartei leicht vorzubereiten und zu benutzen ist.

> Besorgen Sie sich dafür einen Karteikasten, in dem vier Fächer abgeteilt werden können. Dazu brauchen Sie in der Größe passende Karteikarten sowie ein Übungsheft.

> Im nächsten Schritt sollten Sie sich mit Ihrem Kind einigen, wie viele Wörter es sich täglich vornimmt. Am besten funktioniert das, wenn Sie Ihr Kind in die Entscheidung miteinbeziehen: »Was meinst du, wie viele Wörter kannst du jeden Tag freiwillig üben?« Erfahrungsgemäß setzen fast alle Kinder die Zahl zu hoch an. Reduzieren Sie die Zahl und schlagen Sie Ihrem Kind etwa acht bis zehn Wörter vor (ältere Kindern können bis zu zwölf Wörter täglich schreiben). Im Anschluss daran vereinbaren Sie mit ihm, dass es diese acht (bei älteren Kindern auch bis zu zwölf Wörter) jeden Tag freiwillig übt. Freiwillig bedeutet dabei: ohne zu motzen oder zu maulen.

> Im Gegenzug verpflichten Sie sich, ihm jeden Tag eben diese Wörter zu diktieren. Das heißt aber auch für Sie, dass Sie dabei weder schimpfen noch Bemerkungen wie »Nun guck doch mal hin, was du schreibst!« oder Ähnliches von sich geben.

> Um die Motivation Ihres Kindes zu stärken, bieten Sie ihm ein Belohnungssystem (Grundprinzip siehe Seite 101) an. Zum Beispiel bekommt es für jede erledigte Karteikarte, die alle vier Fächer durchlaufen hat, einen Punkt; und wenn es 15 Punkte erreicht hat, kann es diese gegen einen (kleinen) Wunsch einlösen.

So geht's am ersten Tag

> Von nun an wird jedes Wort, welches das Kind im Diktat oder bei den Hausaufgaben falsch schreibt, in der richtigen Schreibweise auf eine Karteikarte geschrieben. Die kritische Stelle (also dort, wo der Fehler saß) wird markiert. Hat das Kind zum Beispiel »Buter« geschrieben, kommt das richtig geschriebene Wort »Butter« auf die Karte, und das doppelte tt wird als kritische Stelle unterstrichen oder mit Leuchtstift markiert. Hat das Kind »lekt« statt »legt« geschrieben, kommt »legt« auf die Kar-

te (das g wird markiert), vielleicht noch mit dem Hinweis »kommt von legen«. Die Wörter werden in der Form aufgeschrieben, in der sie tatsächlich im Text vorgekommen sind. Die Karte kommt dann in das erste Fach der Rechtschreibkartei. So sammeln sich alle Fehlerkarten immer zuerst im ersten Fach.

So geht's am zweiten Tag

> Am nächsten Tag nimmt das Kind eine Karte aus dem ersten Fach und liest sich das Wort laut vor. Die Karte wird umgedreht. Nun spricht das Kind sich das Wort silbenweise vor, bildet einen Satz (»Ich habe Butter auf dem Brot« oder »Mama legt sich hin«) und schreibt das Wort mit Bleistift in sein Übungsheft. Bei älteren oder fortgeschritteneren Kindern kann auch die Person, die mit dem Kind übt, die Karte aus dem Fach ziehen und vorlesen, ohne dass das Kind das Wort vorher anschaut.

> Dann wird das eben geschriebene Wort mit dem auf der Karteikarte verglichen. Ist es richtig geschrieben, lobt sich das Kind (»Gut gemacht«), macht ein Pluszeichen auf die Rückseite der Karte und steckt sie in das zweite Fach. Hat es das Wort falsch geschrieben, wird dieses im Übungsheft ausradiert und verbessert. Die Karte wird ins erste Fach zurückgestellt, wobei sich das Kind selbst ermutigt: »Beim nächsten Mal schaffe ich das!«

So geht's am dritten Tag

> Am nächsten Tag werden zuerst Karten aus dem zweiten Fach genommen und wie oben beschrieben bearbeitet. Richtig geschriebene Wörter wandern nach einem Lob und einem Pluszeichen auf der Rückseite in das dritte Fach; falsch geschriebene kommen zurück ins erste. Im dritten Fach bleiben die Karten ein paar Tage liegen.

So geht's danach weiter

Von jetzt an allerdings nimmt in jedem Fall die Mutter die Karte und liest das Wort vor. Schreibt das Kind das Wort richtig, wandert die Karte ins vierte

VORSICHT VERWECHSLUNG

WICHTIG

Üben Sie mit Ihrem Kind nie gleichzeitig Schreibweisen, die es verwechselt. Die Fehler werden sonst eher gefestigt. Verwechselt es die Buchstaben /b/ und /d/, üben Sie erst den Buchstaben /b/, bis er sitzt. Mit einem Abstand von mindestens einer oder besser zwei Wochen, gehen Sie dann daran, das /d/ einzuüben. Auch bei Wörtern mit und ohne Dehnungs-h oder gleich klingenden Endlauten (rund – bunt; Hang – Bank usw.) üben Sie bitte immer erst *eine* Gruppe.

Fach. Hier bleibt sie wieder zwei Tage. Wird das Wort dann – wieder nach Diktat – richtig geschrieben, verlässt es den Karteikasten, und das Kind bekommt einen Punkt.

So ganz genau wird sich das mit der Kartenanzahl und der Liegezeit der Karten in den Fächern nicht regeln lassen. Versuchen Sie einfach, zunächst immer die Karten aus dem zweiten Fach zu verteilen und dann die aus dem ersten Fach. Sie können dann auch irgendwann nur Karten aus dem dritten Fach nehmen, wenn sie ein paar Tage darin gelegen haben. Und natürlich auch die aus dem vierten Fach, denn dabei gibt es ja die für den Anreiz so bedeutsamen Punkte. Wichtig ist nur, dass alle Karten anfangs etwas rascher und später weniger rasch durch die vier Fächer wandern.

WICHTIG

MOTIVIEREN NICHT VERGESSEN!

Die Eltern sind bei alledem enorm wichtig. Mutter oder Vater helfen, wenn ein Fehler auftaucht, indem sie Hinweise auf Ableitungsmöglichkeiten oder Wortstämme geben. Vor allem aber loben sie das Erreichte (siehe Seite 101) und ermuntern das Kind, sich auch selbst zu loben.

Übung 5: Den eigenen Erfolg dokumentieren

Die Dokumentation ist kein Muss, macht aber vielen Kindern – und vielleicht auch Ihnen selbst – Spaß.

❯ Wenn Ihr Kind beim Schreiben schon etwas fortgeschrittener ist, können Sie mit kurzen Diktaten beginnen. Bilden Sie dazu aus den Wörtern, die bereits ins vierte Fach der Wortkartei gerutscht sind, einfache Sätze. Anfangs sollten es nicht mehr als vier sein.

❯ Um den Erfolg sichtbar zu machen, können Sie nach jedem Diktat folgende kleine Rechnung anstellen:

$$\frac{(\text{Wörterzahl - Fehlerzahl}) \times 100}{\text{Anzahl der Wörter}}$$

❯ Das klingt sehr kompliziert, ist aber ganz einfach. Bei einem Diktat mit zwölf Wörtern und drei Fehlern funktioniert die Rechnung so: 12 - 3 = 9. 9 x 100 = 900. 900 : 12 = 75. Der Richtigkeitswert ist demnach 75, was bedeutet, dass das Kind 75 Prozent der Wörter richtig geschrieben hat.

❯ Der Richtigkeitswert wird täglich in eine Tabelle eingetragen und zeigt recht deutlich die Fortschritte auf. Wer möchte, kann dann noch von fünf »Richtigkeitswerten« den Durchschnitt errechnen und ihn als Linie in eine Tabelle eintragen, in die auch alle im Folgenden ermittelten Werte wandern.

> Auch wenn es hin und wieder kleine Einbrüche geben kann, wird die Linie doch konstant nach oben wandern und so den Fortschritt deutlich dokumentieren. Diese Rechnung können Sie auch regelmäßig bei Diktaten oder Übungen anstellen, die in der Schule gemacht werden. Bei den Hausaufgaben allerdings sollten Sie Ihrem Kind lieber dabei helfen, Fehler von Anfang an zu vermeiden.

Übung 6: Das Lesetraining

Nehmen Sie dafür kleine Texteinheiten in einem Schwierigkeitsgrad, der den Leistungsmöglichkeiten Ihres Kindes etwa entspricht oder leicht darüber liegt. Wenn es in seinem normalen Tempo liest, sollte es den Text in etwa 90 Sekunden bewältigen können und an dem einen oder anderen Wort auch ein wenig herumdoktern dürfen. Am besten gehen Sie dabei nach folgendem Muster vor:

> **Schritt 1:** Das Kind liest den Text von Anfang bis Ende laut durch. Sie verbessern keine Fehler, notieren aber Lesezeit und Fehlerzahl.
> **Schritt 2:** Das Kind liest den Text wortweise von hinten nach vorn. Also nicht »Der Hund hat furchtbar gebellt«, sondern »gebellt furchtbar hat Hund Der«. Hier geben sie Hilfestellung bei Fehlern: »Ja, aber schau dir das Wort doch noch einmal an.« Bei einem längeren

Wort teilen Sie es gegebenenfalls in Silben auf, indem sie das Wort abdecken und dann die einzelnen Silben zum Lesen freigeben.

> **Schritt 3:** Sie lesen den Text in leicht verlangsamtem Tempo laut und ganz genau vor, Ihr Kind liest dabei laut mit.
> **Schritt 4:** Der letzte Schritt wird genauso durchgeführt wie der erste: Ihr Kind liest den Text laut vor, und wieder verbessern Sie nicht. Notieren Sie aber auch diesmal Lesezeit und Fehlerzahl. Das Ergebnis vergleichen Sie mit dem des ersten Durchgangs. Jetzt sehr wichtig: Loben Sie Ihr Kind, wenn es sich verbessert hat. Hat sich nicht nur das Lesetempo, sondern auch noch die Fehlerzahl verbessert, müssen Sie auch das natürlich entsprechend würdigen.
> Im Anschluss gehen Sie die falsch gelesenen Wörter mit Ihrem Kind noch einmal durch und bitten es, sie noch einmal richtig zu lesen.

Für Nachschub sorgen

Um die Leseübung über längere Zeit durchzuführen, benötigen Sie jeden Tag einen neuen Text. Das ist kein Problem, denn Sie können auch eine (einfach geschriebene) Geschichte auf diese Weise lesen. Die ersten Zeilen dienen als Übung in der beschriebenen Weise (mit Auswertung). Und dann lesen Sie Ihrem Kind den restlichen Text auf der Seite vor.

Lesen Sie auch diesmal deutlich, gut artikuliert und nicht zu schnell. Gehen Sie dabei mit dem Finger unter der Zeile entlang, sodass das Kind den Text mit den Augen verfolgen kann.

Diese Methode hat sich in der Praxis sehr gut bewährt. Aber ein Wunder dürfen Sie sich davon nicht erwarten. Haben Sie also Geduld und freuen Sie sich auch über die kleinen Fortschritte Ihres Kindes.

Das tägliche Pensum

Ideal ist es, wenn Ihr Kind täglich mit der Wortkartei arbeitet und außerdem sein Lesepensum wie oben beschrieben absolviert. Rechnet man die tägliche Übungszeit von Wortkartei und Mehrfach-Lesen zusammen, kommt man täglich auf etwa 15 bis 20 Minuten. Zeit und Umfang können für jüngere Kinder oder für Kinder mit starken Motivationsproblemen noch zu groß sein. Dann kürzen Sie die Übungen und versuchen, sie schrittweise auf diesen Umfang auszuweiten.

Übung 7:
Wörter zusammensetzen

Gerade wenn Kinder mit Wörtern spielerisch umgehen, führt das oft zu neuen Erkenntnissen über den Aufbau und die Ausdrucksfülle der Sprache. Probieren Sie folgende Wortspielereien doch einfach mal mit Ihrem Kind aus:

> Tätigkeitswörter können durch kurze Vorsilben wie »ab«, »an«, »be«, »durch«,

SINN DER LESEÜBUNG IST ES …

… Ihr Kind erleben zu lassen, dass es durch das Üben Fortschritte macht, indem Sie einen Zeit- und Fehlervergleich vornehmen.

… dass es alle Wörter wirklich liest und nicht einfach aus dem Sinnzusammenhang rät. Hat sich nämlich diese schädliche Rate-Strategie erst einmal eingeprägt, ist sie nur schwer wieder zu beseitigen und verhindert oft bis in das Erwachsenenalter hinein den Wissenserwerb durch Lesen.

… dass sich Wortteile und Wörter durch wiederholtes Üben im Gedächtnis einspeichern. Das dauert bei Kindern mit Leseschwierigkeiten nämlich wesentlich länger als bei »normalen« Lesern. Deshalb müssen die Wörter wesentlich häufiger wiederholt werden.

… dass sich durch die wachsende Zahl der ins Gedächtnis eingespeicherten Wörter zugleich auch die Rechtschreibung verbessert.

INFO

»her« etc. verändert und damit näher bestimmt werden. Vor Tätigkeitswörter wie »kommen« oder »fahren« kann man viele Vorsilben setzen – und bekommt dann immer wieder eine andere Bedeutung.

> Bei anderen Tätigkeitswörtern wie »essen« oder »träumen« gibt es nur wenige Änderungsmöglichkeiten. In diesem Bereich ein bisschen herumzuprobieren klappt besonders gut mit Kindern, die bereits die dritte Klasse besuchen.

> Passen die Vorsilben, und ergeben die neuen Wörter einen Sinn? Gibt es vielleicht sogar das Wort »an-schwimmen«? »Klar!«, sagt Mirko. »Wenn wir im Schwimmverein nach der Winterpause wieder im Freibad schwimmen, heißt das anschwimmen!« So entstehen Überlegungen, die das Sprachverständnis zusätzlich fördern.

> Entsprechende Wortlisten lassen sich auch gut aus Wörterbüchern zusammenstellen. Die genannten Beispiele gibt es – zusammen mit vielen Ideen, wie Kinder ganz nebenbei viel über den Aufbau der Sprache erfahren – auf der Lern-CD »Wortbaustelle« aus dem Traeger-Verlag (siehe Bücher, die weiterhelfen, Seite 122).

> Eine gute Leseübung ist das »Blitzwort-Training«. Hierbei wird auf jede Karte ein Wort deutlich in Druckschrift geschrieben. Wer mit dem Kind trainiert, deckt eine Wortkarte kurz auf – wie

lange eine Karte aufgedeckt wird, hängt von der Lesegeschwindigkeit des Kindes ab – und das Kind sagt das Wort, wenn es ganz sicher ist, wie es lautet. Wenn das Kind sich nicht ganz sicher ist, wird die Karte noch einmal kurz gezeigt. Die Wortlänge und -schwierigkeit (Konsonantenhäufungen!) wird ganz allmählich gesteigert. Dabei werden in jedem Durchgang die Wörter, die dem Kind Schwierigkeiten gemacht haben, mehrmals aufgedeckt. Das »Blitzwort-Training« gibt es auch als Software auf der CD »Uniwort« (siehe Bücher und CDs, die weiterhelfen, Seite 122).

Kurze Texte, einfache Geschichten – und Ihr Kind hat Spaß am Lesetraining.

Zum Nachschlagen

Bücher, die weiterhelfen

> **Dummer-Smoch, L.:** *Mit Phantasie und Fehlerpflaster;* Reinhardt-Verlag

> **Firnhaber, M.:** *Legasthenie und andere Wahrnehmungsstörungen;* S. Fischer

> **Klasen, E.:** *Legasthenie – umschriebene Lese-Rechtschreib-Störung;* KLL-Verlag

> **Küspert, P.:** *Neue Strategien gegen Legasthenie;* Oberstebrink

> **Küspert, P./Schneider, W.:** *Hören, lauschen, lernen (Anleitungsheft mit Spielen);* Vandenhoeck & Ruprecht

> **Plume, E./Schneider, W.:** *Hören, lauschen, lernen 2 (Anleitungsheft mit Spielen);* Vandenhoeck & Ruprecht

> **Schulte-Körne, G.:** *Elternratgeber Legasthenie;* Knaur

> **Warnke, A./Hemminger, U./Roth, E./Schneck, S.:** *Legasthenie. Leitfaden für die Praxis;* Hogrefe

Bücher aus dem GRÄFE UND UNZER VERLAG

> **Ettrich, C./Murphy-Witt, M.:** *ADS – so fördern Sie Ihr Kind*

> **Kast-Zahn, A.:** *Jedes Kind kann Krisen meistern. So helfen Sie Ihrem Kind, Entwicklungsprobleme sicher zu bewältigen*

> **Nitsch, C.:** *Der Eltern Führerschein*

> **Nitsch, C./Hüther, G.:** *Kinder gezielt fördern*

> **Stamer-Brandt, P./Murphy-Witt, M.:** *Das Erziehungs-ABC. Von Angst bis Zorn*

Tests und Fachbücher für Fachleute

> **Jansen, H./Mannhaupt, G./Marx, H./Skowronek, H.:** *BISC, Bielefelder Screening zur Früherkennung von Lese-Rechtschreibschwierigkeiten (Anwendung: Kindergarten);* Hogrefe

> **Landerl, K./Wimmer, H./Moser, E.:** *Salzburger Lese- und Rechtschreibtest (Anwendung: Grundschule);* Hans Huber

> **Kormann, A./Horn, R.:** *Screening für Schul- und Bildungsberatung – Rechtschreibung und Intelligenz (Klassen 1-10);* Hancourt

> **Martschinke, S./Kammermeyer, G./King, M./Forster, M.:** *Der Rundgang durch Hörhausen. Erhebungsverfahren zur phonologischen Bewusstheit (Grundschule Kl 1-2);* Auer

> **Forster, M./Martschinke, S.:** *Leichter lesen und schreiben lernen mit der Hexe Susi. Übungen und Spiele zur Förderung der phonologischen Bewusstheit (Grundschule Kl. 1–3. Auch Eltern können sich einarbeiten);* Auer

> **Findeisen, U. u.a.:** *Lauttreue Leseübungen und Diktate;* Dr. Dieter Winkler Verlag

Spielerisches

> **Janosch,** *Das große Buch der Kinderreime;* Beltz

> **Krumbach, M.:** *Das Sprachspiele-Buch;* Ökotopia-Verlag

> **Mehr Zeit für Kinder e.V. (Hg.):** *Sprich mit mir – Tipps, Ideen, Informationen und viele Spiele zur Förderung der Sprachentwicklung*

> **Singer, W.:** *Sprachspiele für Kinder;* Ravensburger

> **Universelles Worttraining (Uniwort);** Eugen Traeger-Verlag

> **200 Wortschätze** *als Erweiterung zum Universellen Worttraining*; Eugen Traeger-Verlag

> **MIMAMO** *Ausführliches Material zur Phonologischen Bewusstheit*; Eugen Traeger-Verlag

> **Sprechdachs:** *Spielesammlung zur Sprachförderung für Kinder von 5 bis 11 Jahren*; Huch & friends

> **Buchstabix:** *Memospiel mit Groß- und Kleinbuchstaben für 2 bis 8 Kinder ab 6 Jahren*; HABA

> **Mäuse-ABC:** *Spielesammlung rund um die Buchstaben für zwei bis vier Kinder ab 6*; HABA

> **Kro-ko-dil-spiel:** *Spielerisch Wörter in Silben zerlegen für ein bis sechs Kinder ab 5*; Piatnik

> **TYP-DOM:** *Stabiles vielseitiges Kreuzwortspiel zum Wörterlegen ab 6*; Piatnik

> **Detektiv Horch:** *Laute aus Wörtern heraushören. Viele Spielvariationen möglich für Kinder ab 5*; Piatnik

> **Ratz-Fatz:** *Lernspiel zur Sprachförderung und Konzentration; Erweiterung mit Ratzolino*; HABA

Adressen, die weiterhelfen

Deutschland

> **Bundesverband Legasthenie und Dyskalkulie e. V.**
Königstr. 31
30175 Hannover
www.bundesverband-legasthenie.de

Österreich

> **Österreichischer Bundesverband Legasthenie (ÖBVL)**
Rosentalgasse 13/11
A-1140 Wien
www.legasthenie.org

Schweiz

> **Verband Dyslexie Schweiz**
Alpenblick 17
CH-8311 Brütten
www.verband-dyslexie.ch

Internetadressen

> **www.zzzebra.de** Eine Fundgrube für Eltern und Kinder. Unter vielen anderen Hunderte von Geschichten, Gedichte, Märchen, Sagen und Sprachspiele ausdruckbar.

> **www.phonologische-bewusstheit.de** Für alle, die fundierte, gründliche Informationen zum Thema suchen. Viele Förderspiele abrufbar.

> **www.studienseminar-sonderpaedagogik.nrw.de** Neben interessanten Informationen viele Förderspiele zu allen Stufen der phonologischen Bewusstheit abrufbar.

> **www.topkids.de** hat ein großes Angebot an Büchern, Spielen und Materialien zum Thema Schwierigkeiten beim Lesen- und Schreibenlernen.

Sachregister

Impressum

Wichtiger Hinweis

Die Gedanken, Methoden und Anregungen in diesem Buch stellen die Meinung bzw. Erfahrung der Verfasser dar. Sie wurden von den Autoren nach bestem Wissen erstellt und mit größtmöglicher Sorgfalt geprüft. Sie bieten jedoch keinen Ersatz für kompetenten medizinischen Rat. Jede Leserin, jeder Leser ist für das eigene Tun und Lassen auch weiterhin selbst verantwortlich. Weder Autoren noch Verlag können für eventuelle Nachteile oder Schäden, die aus den im Buch gegebenen praktischen Hinweisen resultieren, eine Haftung übernehmen.

ISBN (10)   3-7742-6647-6
ISBN (13)   978-3-7742-6647-6
Auflage: 4.   3.   2.   1.
          09   08   07   2006

Programmleitung:
Ulrich Ehrlenspiel

Redaktion: Corinna Feicht

Lektorat: Margarethe Brunner

Bildredaktion: Henrike Schechter

Layout: independent Medien-Design

Herstellung: Petra Roth

Satz: Christopher Hammond

Lithos: Repro Ludwig, Zell am See

Druck: Appl, Wemding

Bindung: Sellier, Freising

Bildnachweis: Avenue images: 2 (li.), 26, 98/Corbis: U1, U2, U4 (re.), 3 (re.), 6, 13, 40, 45, 63, 66, 77, 93, 96, 128, 129/Getty: 88, 102, 115/GU-Archiv: Roch 4, 29, 72, 80, 61, 112/Joker: 8/ Keystone: 51/Mauritius: U4 (li.), 2 (re.), 16, 19, 30, 42, 71, 74, 86/Picture press: 90, 121/ Superbild: 59/Visum: 3 (li.)

Dank der Autorin

Gabriele Heßmann dankt Dr. Michelle Westerbarkey vom Kinderbildungszentrum kibiz, Iserlohn, für die fachliche und moralische Unterstützung. Ein großer Dank geht auch an ihre Tochter Hannah für die vielen Stunden, die sie ohne Mama verbringen musste.

DAS ORIGINAL MIT GARANTIE

Ihre Meinung ist uns wichtig. Deshalb möchten wir Ihre Kritik, gerne aber auch Ihr Lob erfahren. Um als führender Ratgeberverlag für Sie noch besser zu werden. Darum: Schreiben Sie uns! Wir freuen uns auf Ihre Post und wünschen Ihnen viel Spaß mit Ihrem GU-Ratgeber.

Unsere Garantie: Sollte ein GU-Ratgeber einmal einen Fehler enthalten, schicken Sie uns das Buch mit einem kleinen Hinweis und der Quittung innerhalb von sechs Monaten nach dem Kauf zurück. Wir tauschen Ihnen den GU-Ratgeber gegen einen anderen zum gleichen oder einem ähnlichen Thema um.

GRÄFE UND UNZER VERLAG
Redaktion Körper & Seele
Postfach 86 03 25
81630 München
Fax: 089/41981-113
E-Mail: leserservice@ graefe-und-unzer.de

Ein Unternehmen der
GANSKE VERLAGSGRUPPE

Praktisch & fundiert

Der Ratgeber Kinder: Alles Gute für die Familie

Bach-Blüten für Kinder

> Wie Sie mit Bach-Blüten die Entwicklung Ihres Kindes sanft und natürlich unterstützen
> Bewährte Mischungen für Kinder und Eltern

ISBN (10) 3-7742-8884-4
ISBN (13) 978-3-7742-8884-3
128 Seiten

Homöopathie für Kinder

> Sanfte Medizin ohne Nebenwirkungen
> Schnell und sicher zum passenden Mittel
> Erste Hilfe im Notfall

ISBN (10) 3-7742-6432-5
ISBN (13) 978-3-7742-6432-8
128 Seiten

Schüßler-Salze für Kinder

> Kinderkrankheiten von A bis Z sanft behandeln
> Extra: Schüßler-Salze und Bach-Blüten

ISBN (10) 3-8338-0222-7
ISBN (13) 978-3-8338-0222-5
128 Seiten

Preis je Band: **12,90 €** [D]

Yoga für Kinder

> Die besten Übungen für jede Situation
> Selbstbewusstsein stärken, Ruhe & Entspannung finden, Konzentration & Kreativität fördern

ISBN (10) 3-7742-6984-X
ISBN (13) 978-3-7742-6984-2
128 Seiten

Kinderkrankheiten natürlich behandeln

> Sanfte und sichere Selbsthilfe
> Wickel, Auflagen, Bäder, Tees, Homöopathika
> Für Säuglinge, Kleinkinder und Schulkinder

ISBN (10) 3-7742-6433-3
ISBN (13) 978-3-7742-6433-5
128 Seiten

Das Erziehungs-ABC Von Angst bis Zorn

> Die besten Lösungen für die 50 häufigsten Alltagsprobleme

ISBN (10) 3-8338-0223-5
ISBN (13) 978-3-8338-0223-2
128 Seiten

Änderungen und Irrtum vorbehalten.

Das macht sie so besonders:

Kompetent – zu jedem Thema ein Top-Experte

Praktisch – zu Hause schnell und sicher umsetzbar

Klar – eingeteilt in Einführung, Praxis und Service

G|U

Willkommen im Leben.

Das Wichtigste auf einen Blick

LRS muss kein Schicksal sein

Fünf bis zehn Prozent aller Kinder sind von einer Lese-Rechtschreib-Störung betroffen. Das heißt aber nicht, dass diese Kinder ihr Leben lang Analphabeten bleiben müssen. Mithilfe gezielter Fördermaßnahmen kann den allermeisten Kindern geholfen werden. Lassen Sie sich daher von einem geschulten Therapeuten beraten.

ÜBEN, JA – ABER RICHTIG

Den Satz »Viel bringt viel« können Sie getrost vergessen, wenn Ihr Kind von einer Lese-Rechtschreib-Störung betroffen ist. Es wird ihm nicht helfen, wenn Sie ganze Nachmittage lang mit ihm Diktate üben oder Wörter abfragen. Es kann höchstens sein, dass die Stimmung zwischen Ihnen beiden sich dadurch verschlechtert.
Ihr Kind braucht jetzt ein ganz speziell auf seine Fähigkeiten zugeschnittenes Übungsprogramm – und das erarbeiten Sie am besten gemeinsam mit einem Spezialisten.

Vorsicht bei Intelligenztests

Meist verlangen Jugendamt und andere Behörden einen Intelligenztest, bevor sie die Kosten für Fördermaßnahmen übernehmen. Damit soll die Unterscheidung zwischen »allgemein lernschwachen« und »lese-rechtschreib-schwachen« Kindern gewährleistet werden. Bleiben Sie kritisch! Fragen Sie, welche Methoden die Untersuchenden anwenden. Achten Sie auf die Atmosphäre, in der der Test stattfindet. Es gilt die Regel: Je höher der erbrachte Wert über dem Durchschnitt liegt, desto sicherer ist das Ergebnis.